François Lemaire de Ruffieu

Besser Spring-reiten

Basistraining für Pferd und Reiter

BLV

Die Deutsche Bibliothek – CIP-Einheitsaufnahme

Lemaire de Ruffieu, François:
Besser Springreiten: Basistraining für Pferd und Reiter / François Lemaire de Ruffieu. [Übers.: Julia Kemmler]. – München; Wien; Zürich: BLV, 1991
Einheitssacht.: The handbook of jumping essentials <dt.>
ISBN 3-405-14061-7

Bildnachweis:
Alle Fotos von Horst Müller
Alle Illustrationen vom Autor.

Umschlaggestaltung: F&H Werbeagentur GmbH, München
Umschlagfotos: Jürgen Kemmler

Übersetzung: Julia Kemmler

BLV Verlagsgesellschaft mbH
München Wien Zürich
8000 München 40

Titel der amerikanischen Originalausgabe:
The Handbook of Jumping Essentials

erschienen bei Stephen Greene Press, Inc. Published simultaneously in Canada. Distributed by Viking Penguin Inc.

Gesamtherstellung: Pustet, Regensburg

Printed in Germany ISBN 3-405-14061-7

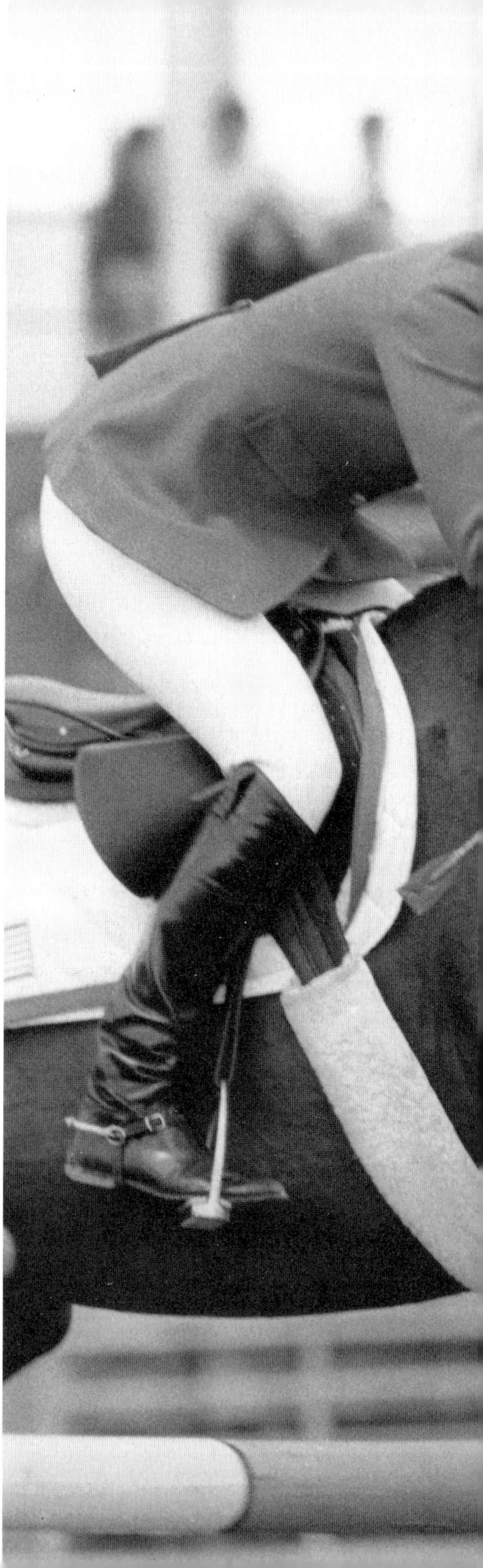

Widmung

Dieses Buch ist als Erinnerung meinem innig geliebten Lehrer Maître Jean Couillaud gewidmet. Er war wirklich eine Ausnahmepersönlichkeit und ein wahrer Pferdemann, und seine Schüler müssen nicht einmal ihre Augen schließen, um ihn immer noch zu sehen und zu hören und von seinem unerschöpflichen Wissen zu profitieren.
Außerdem ist dieses Buch meinem Onkel Colonel Jean Gailly de Taurines gewidmet, der in den dreißiger Jahren einer der besten Repräsentanten Frankreichs im internationalen Springsport war.
Desweiteren möchte ich Beverly Pellegrini meine ganze Wertschätzung ausdrücken; ohne ihre Mühe wäre dieses Buch nicht möglich geworden.

Über den Autor

François Lemaire de Ruffieu wuchs in Frankreich auf.
Er wurde zuerst von Maître Jean Couillaud trainiert und ging 1967 mit einem Examen vom Cadre Noir ab, einer der ältesten und renommiertesten Reitakademien Europas.
Während seiner 6 Jahre im Dienst bei der Kavallerie in Saumur und Fontainebleau erhielt er eine umfassende Ausbildung und ritt auf zahlreichen Turnieren Springen, Dressur, Vielseitigkeit und Hindernisrennen.
Außerdem unterrichtete er an der Militärakademie in Paris.
Seit er 1971 in die Vereinigten Staaten kam, hat er Jährlinge eingebrochen und trainiert, auf verschiedenen Rennbahnen Rennen geritten und in zahlreichen Ställen unterrichtet. 1978 gründete er seinen eigenen Betrieb, und seitdem reist er die meiste Zeit durch Amerika und Europa und hält Lehrgänge.
Seine Schüler gewannen höchste Auszeichnungen.
Seit 1987 ist er geschäftsführender Präsident der Arabischen Sportpferde Vereinigung (ASHA) in Frankreich.

Inhalt

Vorwort

Bevor Sie anfangen zu springen, müssen Sie daran denken, daß es ein großer Vorteil für Ihre eigene Sicherheit ist, wenn Sie die Ausrüstung und Bekleidung, die speziell für die von Ihnen gewählte Sportart entworfen worden ist, tragen. Reitsportgeschäfte sind mit jeder Art von Ausrüstung, die Sie zum Reiten benötigen, ausgestattet. Reiten Sie bitte keinen Sprung an, ohne sicher zu sein, daß folgendes beachtet wird:

Der Reiter:

Er trägt einen gutsitzenden Helm mit Kinnriemen; Reitstiefel oder Jodhpur-Stiefel. Achten Sie außerdem darauf, daß langes Haar der Reiterinnen zum Zopf zusammengebunden ist, um vorübergehende Blindheit zu vermeiden. Die Kleidung muß zugeknöpft sein und darf nicht herumflattern, die Schuhe dürfen keine flachen Sohlen haben (keine Turnschuhe), sonst rutschen die Füße im Steigbügel hin und her.

Das Pferd:

Das Gebiß muß gut passen und das Zaumzeug richtig verschnallt sein.

Bevor man anfängt zu springen, sollte der Sattelgurt noch einmal nachgezogen werden.

Um die Sehnen zu schützen, trägt das Pferd Gamaschen; Ballentritte werden mit Sprungglocken vermieden. Es ist wichtig, daß das gesamte Lederzeug stets weich, geölt und in gutem Zustand ist, damit es beim Reiten nicht reißt.

Die Hindernisse:

Unbenützte Auflagen dürfen nicht an den Ständern hängen bleiben. Die Stangen und Fänge sollten in gutem Zustand und ohne hervorstehende Nägel oder Splitter sein.

Der Boden rund um die Hindernisse muß eben und frei von Steinen, Ästen und anderen herumliegenden Teilen sein. Vergessen Sie nie, daß kein Reiter springen sollte, ohne jemand mit Sachverstand dabei zu haben, der zusieht.

Bedenken Sie, daß das Springen eine sehr ermüdende Übung für ein Pferd ist, mißbrauchen Sie also seine Bereitwilligkeit nicht. Ein paar Sprünge pro Übungsstunde sind genug.

Vergessen Sie auch nicht seinen allgemeinen Gesundheitszustand zu überprüfen und vergewissern Sie sich, daß die Eisen noch nicht locker sind.

Einführung

In diesem Buch habe ich die essentiellen Grundlagen, deren sich jeder Reiter bewußt sein sollte, vereinfacht und neu geordnet.
Im Kapitel I schlage ich eine einfache Methode zur Schulung des Reiterauges, beim Erkennen der Distanzen vor und Sie lernen, wie Sie Ihr Pferd in den Absprungbereich bringen.
Kapitel II faßt den Sitz des Reiters über dem Sprung zusammen und bietet zahlreiche Übungen, um den Sitz beim Parcourspringen zu vervollkommnen.
Im Kapitel III erkläre ich eine der Möglichkeiten, einem Pferd beizubringen, mit Leichtigkeit und in guter Manier zu springen und dabei den bequemsten Absprungpunkt zu finden.
Um erfolgreich zu sein, sollte man diesen Seiten Schritt für Schritt und Übung für Übung folgen. Der Schlüssel zum Erfolg ist ständige Wiederholung und Geduld.
Erinnern Sie sich dabei immer an diese alte Weisheit:
»Derjenige, der langsam vorangeht, macht schnelle Fortschritte.«
Mit anderen Worten: Was richtig erlernt wurde, muß nicht neu gelernt werden.
Aber zu viele Reiter sind ungeduldig und wollen alles am besten gestern.
Tut mir leid!
Bei Pferden funktioniert es auf diese Weise nicht.
Es ist in der Tat ein langer Prozeß, investiert man aber genügend Zeit, wird die Belohnung unermeßlich sein.

François

Postscript
Um eine Aktion der Hand oder der Beine genau anzugeben, verwende ich auf den folgenden Seiten die Wörter treiben, annehmen und nachgeben, und außerdem von Zeit zu Zeit numerierte Zügelhilfen (I, II, III etc.).
All diese Ausdrücke habe ich bereits ausführlich in meinem vorhergehenden Buch »Das Handbuch der reiterlichen Grundlagen« erklärt.
Eine Zusammenfassung erscheint im Anhang dieses Buches.

Der Absprung-punkt (Spot)

Was ist der Absprungpunkt?

Beim Springen ist der Absprungpunkt (Kurzform: Spot) der übliche Name für die geeignetste Stelle, von der ein Pferd den Boden verlassen sollte, um ein Hindernis mit Leichtigkeit und mit dem geringsten Aufwand zu überwinden.

Wo befindet sich der Spot?

Der Spot befindet sich vor jedem Hindernis immer in einem spezifischen Abstand, abhängig von der Höhe des Sprunges. Zum Beispiel wäre der Spot bei einem 1,05 m hohen Hindernis durchschnittlich 1,20 m davor. Aber die genaue Position des Spots variiert je nach Hindernistyp, der gesprungen wird.

Im Grunde gibt es zwei verschiedene Hindernisarten:

- Schmale, steile Hindernisse, Steilsprünge genannt (Abb. 1A).
- Weite, breite Hindernisse, Hochweitsprünge oder Oxer genannt (Abb. 1B).

Alle anderen Sprünge, wie z. B. Ricks, Wälle, Mauern, Triplebarren etc. sind nur Variationen oder Kombinationen dieser zwei Hindernistypen.

Als Hindernisstangen verwendet man hölzerne Stangen, die länger als 4 m und dicker als 10 cm im Durchmesser sein müssen. Bei einem Steilsprung sollten die Stangen nicht kürzer als 1,80 m sein.

WICHTIG

Als allgemeine Regel, um die gleiche Sprungkurve über zwei verschiedene Hindernistypen derselben Höhe zu erreichen gilt: Bei einem Steilsprung muß das Pferd in einem normalen Durchschnittsabstand abheben (Abb. 2A) bei einem Oxer muß es dichter an den Sprung gehen (Abb. 2B).

Abb. 1A

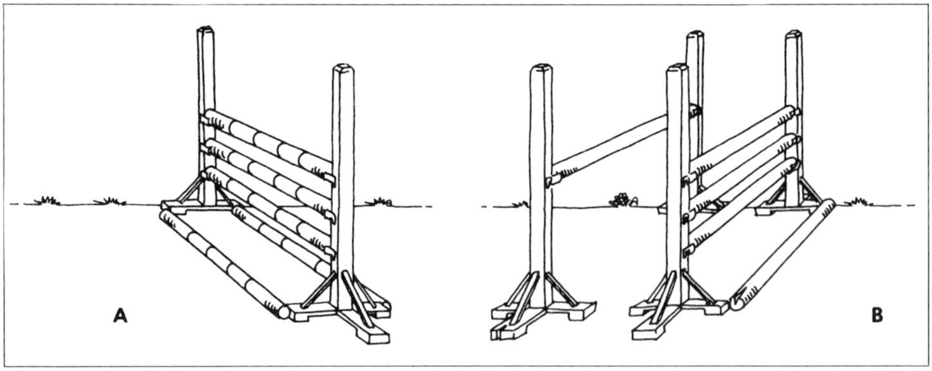

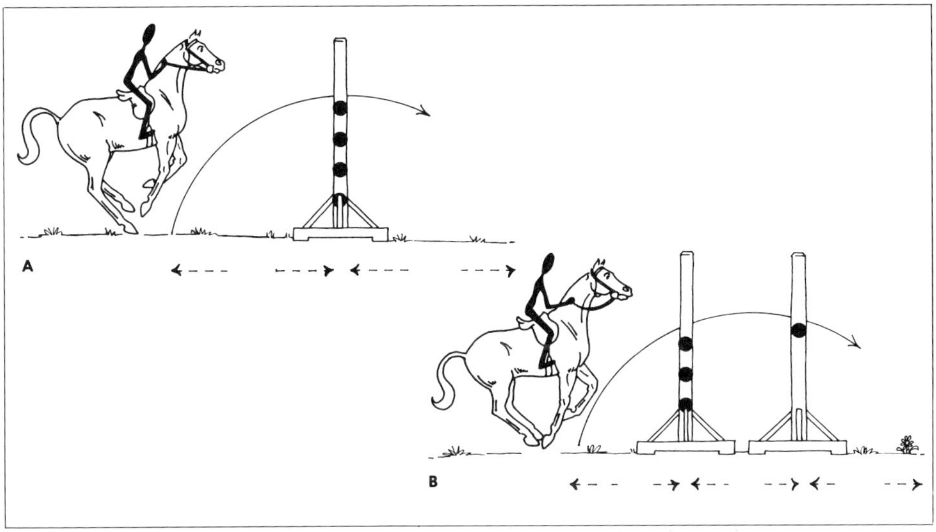

Abb. 2

Wie springt das Pferd von dem Spot?

Während des Anreitens an einen 105 cm hohen Steilsprung galoppiert ein trainiertes Pferd (z.B. auf der rechten Hand) im Gleichgewicht, gleichmäßig in seinem Rhythmus und immer auf die Hilfen des Reiters achtend. Ungefähr 1,80 m vor dem Hindernis sollte es auf seinem linken diagonalen Beinpaar, also im zweiten Takt des Galopps sein (Abb. 3)

Abb. 3

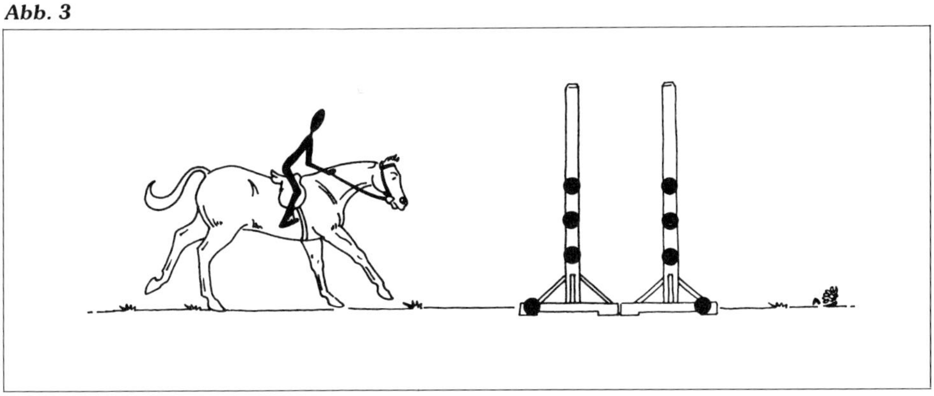

1. Phase: Der Absprung

Das Pferd wird seinen Hals strecken, den Kopf tiefer nehmen und mit seinem rechten Vorderbein den Boden ca. 0,60 m vor seinem linken Vorderbein erreichen.
Um sein Gleichgewicht zu halten, wird es seinen Hals wieder verkürzen, den Kopf heben und ca. 1,20 m vor dem Sprung die Vorderhand heben und dabei die Vorderbeine falten. Mit angemessener Schubkraft aus seinen gebeugten Hanken und Hinterbeinen wird es sich dann selbst in die Luft befördern (Abb. 4A).

Anmerkung
Um ein Hindernis über 1,20 m-Höhe zu springen, wird das Pferd kaum länger seinen Kopf senken, sondern sich selbst versammeln.

2. Phase: Die Spannungszeit

Über dem Sprung (d. h. wenn es in der Luft ist) wird es sich strecken und den Hals dehnen, um die Schultern zu befreien und seine Wirbelsäule von den Ohren bis zum Schweif rund zu machen. Alle vier Beine werden dicht am Körper eingefaltet (Abb. 4B).

3. Phase: Die Landung

Das Pferd wird seine Vorderbeine strekken, den Kopf heben, um sich auszubalancieren und mit seinen Beinen nach und nach den Boden suchen. Es wird ca. 1,20 m nach dem Hindernis landen.
Anschließend wird es seinen Hals senken, um seine Hinterbeine besser unter

Abb. 4

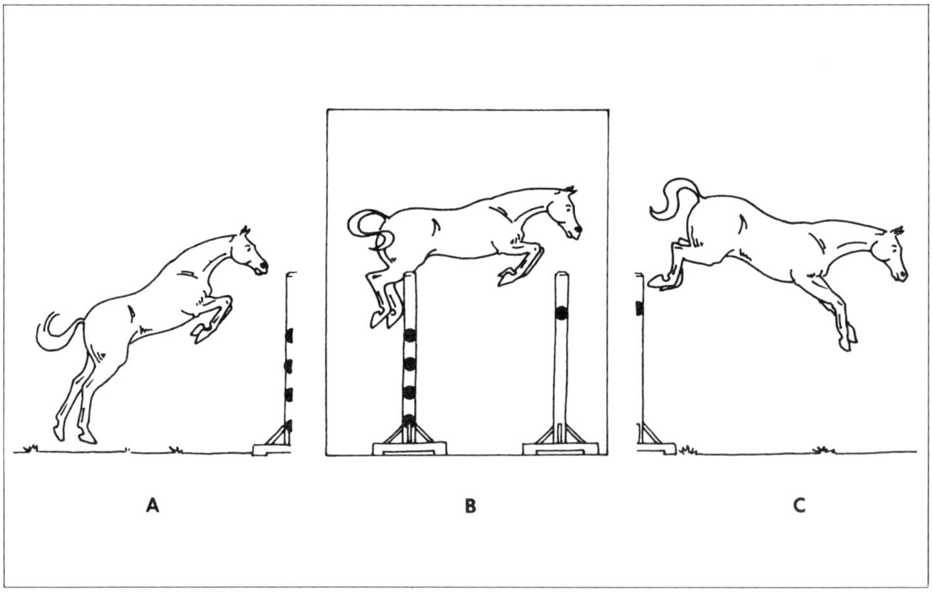

den Körper zu bekommen und die runde Oberlinie zu erhalten. Nach der Landung wird sich das Pferd höchstwahrscheinlich im Linksgalopp befinden (Abb. 4C).

WICHTIG

Der Reiter muß erkennen, daß das Pferd beim Absprung immer vom Boden in zwei bestimmten Bewegungsfolgen abhebt.

Erste Bewegung: Die Vorderbeine des Pferdes verlassen gleichzeitig den Boden.

Zweite Bewegung: Anschließend verlassen die Hinterbeine des Pferdes den Boden.

Die meiste Zeit verlassen die Hinterbeine an beinahe derselben Stelle wie die Vorderbeine den Boden, nur manchmal bewegen sie sich näher zum Hindernis.

Wie groß ist der Spot?

Ein Pferd wird selten jedes Mal genau an der gleichen Stelle abspringen. Für einen 1,05 m hohen Steilsprung kann das Pferd irgendwo zwischen 1,20–1,80 m vor dem Hindernis abspringen. Also wird die Absprungzone des Spots ungefähr 60 cm tief sein und so breit wie der Körper des Pferdes. Wir können daraus schließen, daß für ein 1,05 m hohes Hindernis die Absprungzone aussieht wie ein imaginäres 60 cm-Quadrat, vor dem Sprung und in direkter Linie vor dessen Mitte (Abb. 5).

Um abspringen zu können, muß das Pferd seine beiden Vorderbeine gleichzeitig auf dem Boden haben. Der einzige Moment, wo dies passiert, ist nach der zweiten Galoppphase (d. h. das diagonale Beinpaar befindet sich auf dem Boden), wenn das führende Vorderbein den Boden berührt (Abb. 3).

Mit diesem Wissen wird der Reiter, falls es nötig ist, den Galoppsprung des Pferdes auf solche Weise anpassen können, daß sich die beiden Vorderbeine vor dem Absprung in dem imaginären Punkt-Quadrat befinden.

Abb. 5

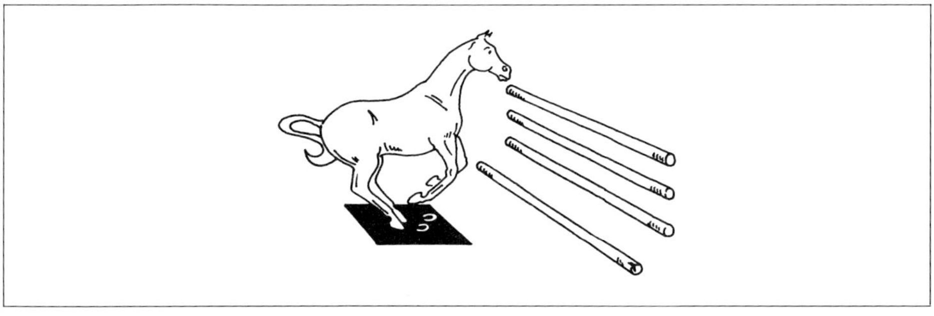

Wie bringt der Reiter das Pferd in die Absprungzone?

Ein routinierter Reiter wird, während er sich dem Hindernis nähert, das folgende überprüfen:

- die Balance des Pferdes zu erhalten,
- die Geschwindigkeit (Rhythmus) zu kontrollieren,
- den Impuls zu verstärken (den Wunsch, sich vorwärts zu bewegen),
- den Galoppsprung des Pferdes anzupassen.

Wenn diese bestimmenden Faktoren in korrekter Weise gegeben sind, wird das Pferd mit Leichtigkeit springen. Fehlt aber ein einziger, wird das Pferd entweder zu weit weg oder zu dicht vor dem Hindernis abspringen. In jedem Fall wird der Reiter eine schnelle Entscheidung treffen müssen, um den Galoppsprung richtig zu korrigieren und die Vorderbeine des Pferdes in die Absprungzone zu bekommen. Erkennt der Reiter zu spät, daß das Pferd zu groß abspringen wird, wird eine Verlängerung des Galoppsprunges notwendig sein, um die Absprungzone zu erreichen. Wird diese Handlung aber ungenau ausgeführt, kann sich das Gewicht des Pferdes auf die Vorhand verschieben und zu einem Fehler führen.

Erkennt der Reiter zu spät, daß das Pferd zu dicht springen wird, wird eine Verkürzung der Galoppsprünge notwendig sein, um die Absprungzone zu erreichen.

Falsch ausgeführt, wird diese Handlung aber das Pferd dazu veranlassen, zu zögern oder gar zu verweigern.

WICHTIG

Während eines Parcours ist es für den Reiter immer besser, eine entsprechende Distanz von der größtmöglichen Entfernung zu erkennen und den Galoppsprung des Pferdes so diskret wie möglich anzupassen.

Wie sieht und verändert der Reiter eine Distanz?

Bei dieser Frage muß man bedenken, daß mehrere Faktoren dabei ausschlaggebend sind. Ich möchte sie in vier verschiedenen Teilen beantworten.
Im ersten Teil werden Sie lernen, eine Distanz zu erkennen; im zweiten Teil lernen Sie, die Absprungphase des Springens zu spüren; im dritten werden Sie lernen, das Pferd in die Absprungzone zu bringen, und im vierten Teil lernen Sie einiges über Absprungzonen in Kombinationen von zwei Hindernissen.

Teil 1
Lernen, eine Distanz zu erkennen

Sie müssen beginnen, Ihr Gefühl zu entwickeln. Sie müssen während des Galoppierens erkennen, wann das Pferd sein führendes Vorderbein auf dem Boden hat.
Sie haben wahrscheinlich schon gelernt, daß das Pferd im Galopp drei aufeinanderfolgende Schläge macht, gefolgt von einer Schwebephase, bei der alle vier Beine in der Luft sind.
Lassen Sie uns noch einmal kurz den Rechtsgalopp ansehen (Abb. 6 genau das Gegenteil im Linksgalopp):

1. Schlag: Das Pferd bewegt sein linkes Hinterbein vorwärts unter seinem Körper.

2. Schlag: Das Pferd treibt sein linkes diagonales Beinpaar vorwärts, d. h. das linke Vorderbein und das rechte Hinterbein gleichzeitig.

3. Schlag: Das Pferd bringt sein rechtes Vorderbein nach vorne (also damit das führende Vorderbein), anschließend folgt eine Schwebephase, bevor das Pferd wieder mit dem ersten Schlag beginnt.
Am Anfang benötigen Sie wahrscheinlich einen freundlichen Helfer, der ihnen im Galopp sagt, wann das Pferd mit seinem führenden Vorderbein den Boden berührt. Sie werden aber schnell merken, daß das Pferd, bevor es den Boden berührt, seinen Kopf und Hals senkt.

Abb. 6

HILFREICHER VORSCHLAG:
Die durchschnittliche Länge eines Galoppsprunges beträgt ca. 2,70–3,60 m, also wird beim Galoppieren das Pferd etwa alle 2,70–3.60 m mit seinem führenden Vorderbein den Boden erreichen.

Sobald Sie in der Lage sind, klar zu erkennen, wann ihr Pferd sich im dritten Schlag des Galopps befindet, reiten Sie, zuerst mit geöffneten Augen und dann, um die Bewegung besser zu spüren, mit geschlossenen Augen einige Galoppsprünge, und zählen Sie dabei laut und rhythmisch jeden dritten Schlag, ca. 10mal hintereinander. Anschließend galoppieren Sie um den ganzen Reitplatz herum und zählen laut, so oft wie möglich, eine Reihe von 10 gleichmäßigen Schlägen (Abb. 7).

Diese einfache Übung wird sehr schnell Ihr Gefühl verbessern und wird, je mehr Sie diese, was Sie erstaunen wird, üben, lehren:

- Ihre Atmung zu kontrollieren,
- einen ruhigen Rhythmus in den Galopp zu bringen,
- das Gleichgewicht ihres Pferdes zu erhalten.

Diese Bestandteile sind notwendig, um einen Parcours mit mehreren Hindernissen zu springen.

Nun bitten Sie Ihren freundlichen Helfer, zwei parallele Linien mit seinen Füßen zu spuren, im Abstand von ca. 60 cm (im rechten Winkel zum Hufschlag) (Abb. 8).

Läßt sich das Pferd leicht von neuen Dingen beeindrucken, ist es ratsam, ein- oder zweimal im Schritt über diese Linien zu reiten.

Versuchen Sie anschließend, wenn Sie darauf zugaloppieren, zu schätzen, welcher Galoppsprung das führende Vorderbein ihres Pferdes ca. 60 cm zwischen diese Bodenlinien bringt. Haben Sie keine Angst davor, falsch zu raten! Es wird Sie wahrscheinlich einige Versuche kosten, bevor Sie in der Lage sind, jedesmal richtig zu schätzen. Übung und Routine werden Ihr Urteilsvermögen verbessern.

Sie können Ihren freundlichen Helfer auch bitten, mehrere Paare paralleler Linien, mit einem Abstand von mindestens 30 m, rund um die Reitbahn zu spuren. Je mehr Sie üben, umso schneller lernen Sie.

Abb. 7

Abb. 8

Sobald Sie in der Lage sind, diesen letzten Galoppsprung deutlich und ohne Zögern zu erkennen, versuchen Sie, die letzten beiden Galoppsprünge vor den parallelen Linien herauszufinden. Anschließend versuchen Sie drei Galoppsprünge und steigern langsam bis zu 6, 8 oder mehr Galoppsprüngen.
Nachdem Sie diese Übung 1–2 Wochen lang täglich praktiziert haben, werden Sie unbewußt erkennen können, wie sechs, sieben oder acht Galoppsprünge aussehen. Automatisch und genau werden Sie danach bestimmen können, mit welcher Distanz Sie sich am wohlsten fühlen (Abb. 9).

ZUR ERINNERUNG

Je größer die Entfernung, von der Sie eine Distanz erkennen, umso leichter wird die Veränderung der Galoppsprünge zu erreichen sein.

Abb. 9

Abb. 10

An dieser Stelle werden Sie merken, daß manchmal das führende Vorderbein ihres Pferdes den Boden entweder zu nah an der ersten Linie oder näher an der zweiten parallelen Linie den Boden berührt.

SIE MÜSSEN IMMER AUF DEN MITTELPUNKT DIESER BEIDEN LINIEN ZIELEN.

Wenn Sie also spüren, daß der letzte Galoppsprung nicht genau den Mittelpunkt erreichen wird, werden Sie die Galoppsprünge anpassen und sie verlängern müssen (Abb. 10).

Das geht folgendermaßen:

Sitz: In leichter Verbindung zum Sattel, mit leicht nach vorne gebeugtem Oberkörper.

Beine: Gleichseitig treibend am Gurt, aber möglichst unterhalb der Knie (erlaubt vorsichtigeres Treiben), um ein Übereilen der Gangart zu vermeiden.

Hände: Leicht nachgebend, um den Kontakt zum Pferdemaul zu lockern, ohne das Gleichgewicht zu stören.

Spüren Sie, daß der Galoppsprung zu weit hinter dem Mittelpunkt der beiden Linien endet, müssen Sie den Galoppsprung anpassen (Abb. 11) und folgendermaßen verkürzen:

Sitz: Mit aufgerichtetem Oberkörper, tief im Sattel sitzend, um das Tempo des Pferdes abzubremsen.

Beine: Gleichseitig verwahrend am Gurt, um das Unterspringen der Hinterhand zu erhalten.

Hände: Sie drücken gleichseitig die Zügel wie einen Schwamm aus oder geben, falls dies nicht ausreichend ist, einige unauffällige halbe Paraden (siehe S. 106).

Versuchen Sie, die Linien aus einer Linkswendung und dann aus einer Rechtswendung anzureiten. Um die Distanz anzupassen, müssen Sie einfach die Wendung kleiner machen, wenn Sie zu weit entfernt sind oder vergrößern, sollten Sie mehr Platz benötigen.

Sitz: Leicht im Sattel mit vermehrtem Gewicht auf dem inneren Steigbügel.

Beine: Der innere Schenkel bleibt am Gurt, um den Impuls und die Biegung der Wirbelsäule des Pferdes zu erhalten.

Der äußere Schenkel bleibt hinter dem Gurt, um ein eventuelles Wegdriften der Hinterhand zu verhindern.

Abb. 11

Hände: Die innere Hand verhält sich wie ein Führzügel (siehe Anhang S. 110, Zügelhilfe I), um das Pferd zu ermuntern, zu sehen, wo es hingeht.

Die äußere Hand gibt nach, um die Handlungen der inneren Hand zuerst zu regulieren. Um die Wendung zu erleichtern, und damit die Distanz paßt, konzentrieren Sie sich ständig auf die Mitte zwischen den beiden Linien und drehen Ihren Oberkörper leicht in der Weise, daß ihre äußere Schulter in die Richtung zeigt, der Sie folgen wollen; d. h. für eine Linkswendung zeigt Ihre rechte Schulter nach vorne oder beinahe schon nach links (Abb. 12). Diese Handlung wird zusätzlich das Nachgeben des äußeren Zügels veranlassen und dem Pferd anzeigen, wann es sich drehen soll.

Abb. 12

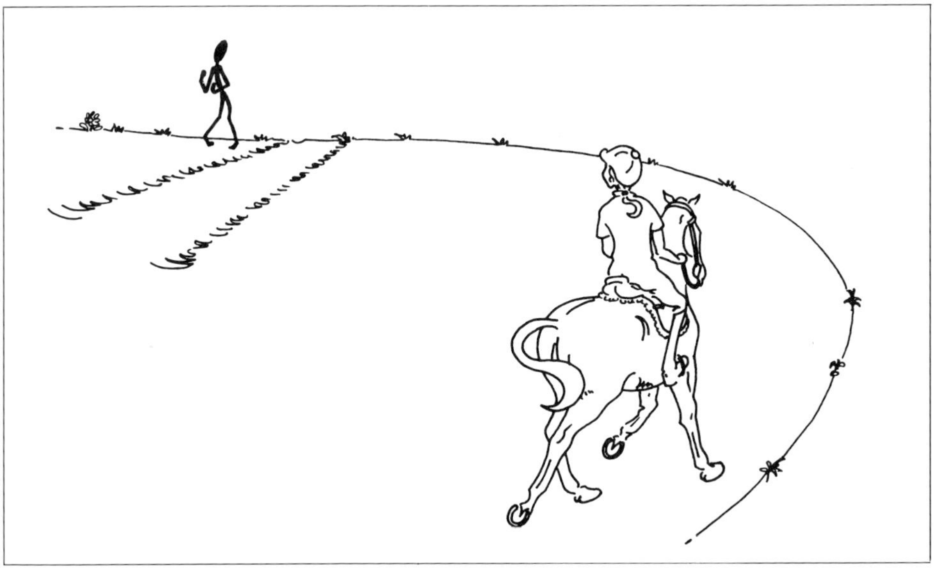

Bitten Sie ihren freundlichen Helfer, einen erfundenen Parcours von parallelen Linien zu entwerfen und verändern Sie spielerisch die Galoppsprünge, wenn Sie daran vorbeigaloppieren.
Um besser überprüfen zu können, wie gut Sie arbeiten und um zu sehen, wo das Pferd aufgetreten ist, wäre es sehr hilfreich, den Boden zwischen und rund um die zwei Linien zu rechen.

Erinnern Sie sich an dieser Stelle:
Stoßen Sie auf Schwierigkeiten beim Üben einer Aufgabe, zögern Sie nicht, in der Folge einen Schritt zurückzugehen und Rückschau auf die vorausgehenden Übungen zu halten.
Vermeiden Sie, den nächstfolgenden Teil zu versuchen, bis sie den Teil, an dem sie arbeiten, problemlos reiten können.

NÜTZLICHER VORSCHLAG

Um ihre Augen im Visualisieren einer Distanz zu trainieren, müssen sie nicht immer auf einem Pferd reiten.
Sie können einfach zu Hause, auf der Straße, wo sie lernen oder arbeiten, üben.
Halten Sie zum Beispiel, wo auch immer Sie sich befinden, für eine Sekunde an, sehen Sie sich um und suchen sich eine Stelle, wie einen Baum, eine Hausecke, eine Tür, einen Eingang usw., der

Abb. 13

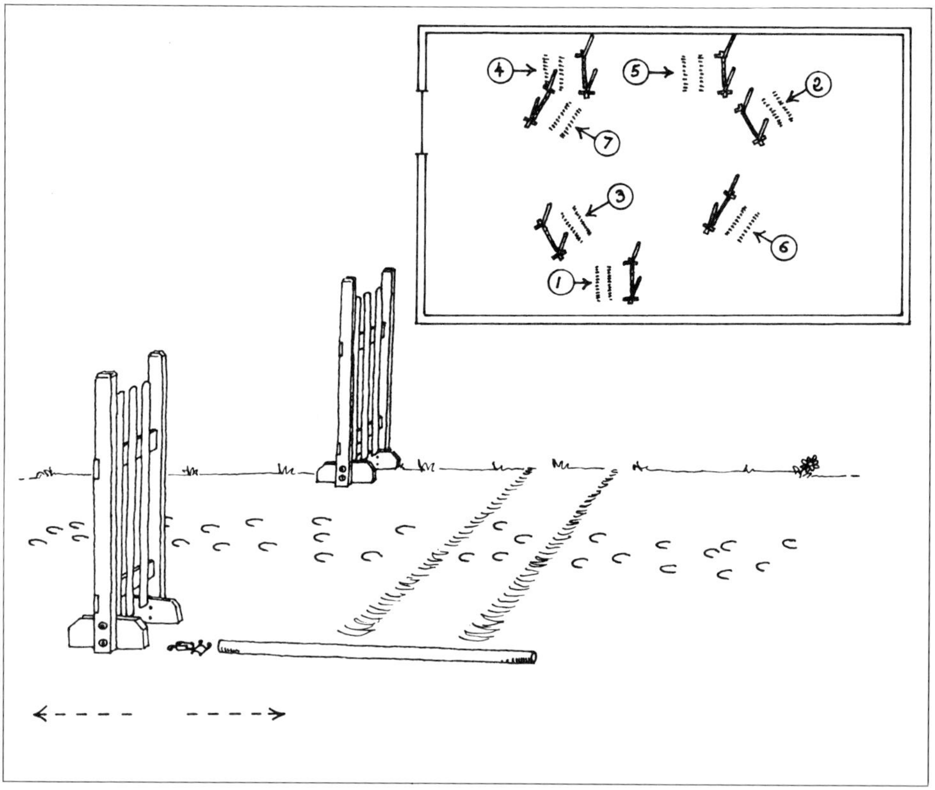

weit genug von der Stelle entfernt ist, auf der Sie stehen und schätzen Sie, wieviele Schritte Sie benötigen werden, um dort hinzukommen.
Anschließend schreiten Sie die Entfernung ab und bestimmen, ob Sie richtig waren. Zeit und Übung werden Ihnen die Genauigkeit geben, die Sie suchen.
Üben Sie mit einem ähnlichen Parcours, fügen Sie aber diesmal Fänge oder Ständer hinzu.
Gehen Sie sicher, daß sich diese ca. 90 cm vor der am weitesten entfernten parallelen Linie befinden (Abb. 13).

WICHTIG
Lassen Sie sich nicht von den Fängen ablenken, während Sie den Parcours reiten.
Zwingen Sie sich vielmehr selbst, das Gebiet der parallelen Linien zu fokussieren.
Legen Sie eine Stange zwischen jeden Standort und reiten Sie denselben Parcours mehrere Male.
Ständige Übung wird sowohl Ihr Gefühl als auch Ihr Bewußtsein für das Erkennen einer Distanz verbessern.
Sobald Sie mit dieser Übung vertraut sind, bitten Sie ihren Helfer, anstatt der parallelen Linien Absprungzonen auf den Boden zu zeichnen, und üben Sie weiterhin, die Vorhand in diesen Raum zu bekommen.

Teil 2
Lernen, das Gefühl für den Absprung zu fühlen

Bauen Sie mit ihren Helfern eine »In und Out«-Kombination (2 Hindernisse in einer Reihe mit einem Abstand von mindestens 5,40 m) auf dem Hufschlag. Um diese Hindernisse zu bauen, benötigen Sie zweimal zwei Ständer und zweimal drei Stangen. Stellen Sie das erste Hindernis 15 m vom Anfang der langen Seite des Platzes und das zweite ca. 5,40 m dahinter. Legen Sie zwischen jedes Ständerpaar drei Stangen pyramidenförmig aufeinander. 12 m vor das erste Hindernis legen Sie auf jede Seite des Hufschlags, mindestens 6 m auseinander, zwei Plastikmarkierungen, wie z. B. Hütchen (Abb. 14).
Um sicherzugehen, daß Ihr Pferd ruhig arbeitet, reiten Sie mehrere Male im Schritt hin und zurück durch die Kombination. Tun Sie anschließend das glei-

Abb. 14

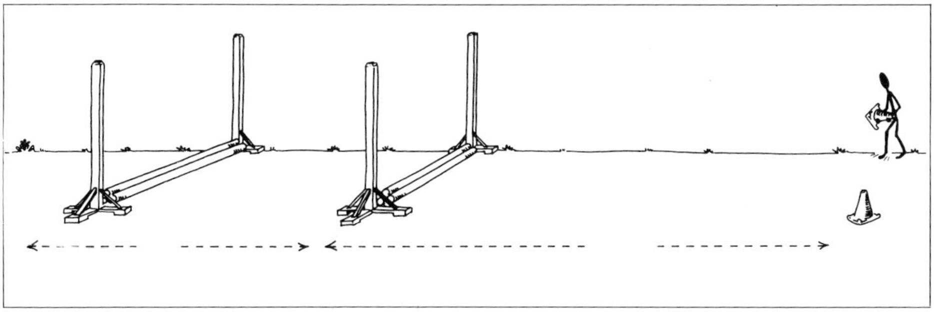

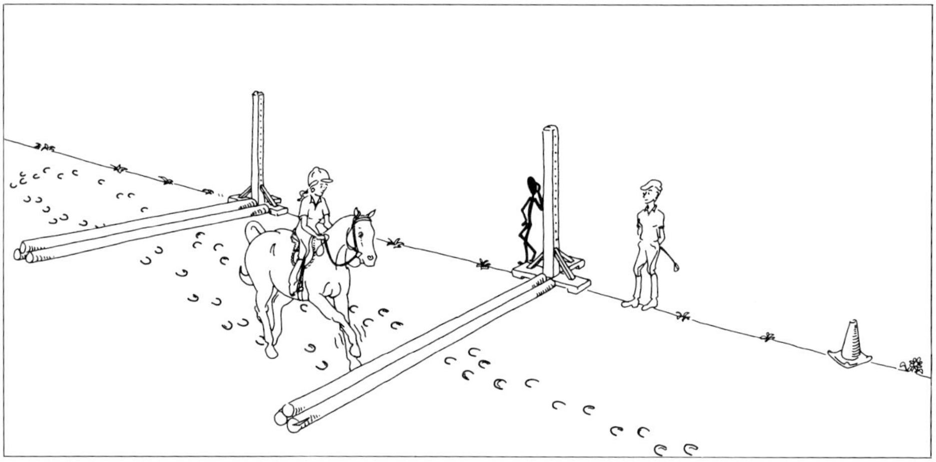

Abb. 15

che im Aussitzen und Leichttraben. Reiten Sie solange über diese Reihe von Sprüngen, bis Ihr Pferd ruhig und entspannt ist und nicht mehr versucht, über die Stangenpyramiden zu springen (Abb. 15).

Bauen Sie ein 45 cm hohes Kreuz mit Stangen des zweiten Sprunges. Gehen Sie sicher, daß eine Stange auf dem Boden vor dem Sprung liegenbleibt. Traben Sie mehrere Male über diese Reihe, immer mit dem Sprung, dessen Stangen noch auf dem Boden liegen, beginnend, und geben Sie den Zügelkontakt soweit nach, daß Sie dem Pferd erlauben, selbst zu springen. An dieser Stelle wäre es ratsam, vom Pferd jedesmal zu verlangen, daß es einige Galoppsprünge nach dem Hindernis bis zum Stillstand zurückkommt. Diese Übung wird das Pferd lehren, nach dem Hindernis wieder ins Gleichgewicht zu kommen. Es mag am Anfang etwas schwierig sein, aber nach kurzer Zeit wird es Ihrem Befehl zuvorkommen und wie beinahe von selbst anhalten.

Nun wird es Zeit, aus den ersten beiden Ständern ein 45 cm hohes Kreuz zu bauen. Traben Sie weit vor der Kombination an und reiten Sie auf die Hindernisreihe zu. Wenn sie zwischen den Hütchen durchreiten, sitzen Sie aus und verlagern Ihr Gewicht in die Unterschenkel. Auf diese Weise werden Sie aussehen als würden Sie leicht vornüber gebeugt aussitzen, in Wirklichkeit aber befindet sich Ihr Gleichgewicht in den Fersen und nicht unter der Sattelfläche.

Traben Sie über das erste Kreuz und erlauben Sie dem Pferd, einen Galoppsprung vor dem zweiten Sprung anzugaloppieren. Lassen Sie das Pferd in der Hinderniskombination alles alleine machen.

Hat Ihr Pferd die Neigung, seine Galoppsprünge vor dem ersten Hindernis zu übereilen, so legen Sie ca. 2,70 m vor dem ersten Hindernis eine Stange auf den Boden. Falls diese nicht ausreicht, fügen Sie 1, 2 oder 3 weitere Stangen im Abstand von 1,35 m hinzu!

Abb. 16

Diese Stangen werden die Aufmerksamkeit des Pferdes wecken und es wird schließlich aufhören, loszustürmen (Abb. 16).

Ändern Sie nun das zweite Element dieser »In-Out«-Kombination in einen niedrigen, ca. 60 cm hohen Steilsprung ab. Nachdem Sie diese Reihe einige Male gesprungen haben, erhöhen Sie in Folge das Hindernis zuerst auf 90 cm, dann bis 1,50 m. Es empfiehlt sich, nun Ihren freundlichen Helfer zu bitten, jedesmal, nachdem Sie das zweite Hindernis überwunden haben, den Boden zu rechen. Sie werden nun deutlich erkennen können, von welchem Punkt Ihr Pferd abspringt (Abb. 17).

Diese Arbeit wird Ihr Pferd zwingen, selbst am bestmöglichen Punkt vor dem zweiten Hindernis anzugaloppieren.

Ihre Aufgabe ist es im Moment, sich auf das Gefühl zu konzentrieren, kurz bevor das Pferd vor dem Steilsprung abhebt.

Verschieben Sie den Steilsprung ca. 3,60 m nach hinten, Sie verlängern damit die Reihe und ermöglichen dem Pferd, zwei Galoppsprünge zwischen den Hindernissen zu machen. Ein Galoppsprung des Pferdes, das in einem durchschnittlichen Tempo galoppiert (350 - 400 m in der Minute, siehe Seite 28, Abb. 18), macht ca. 3,60 m an Boden gut. Wollen Sie also die Anzahl

Abb. 17

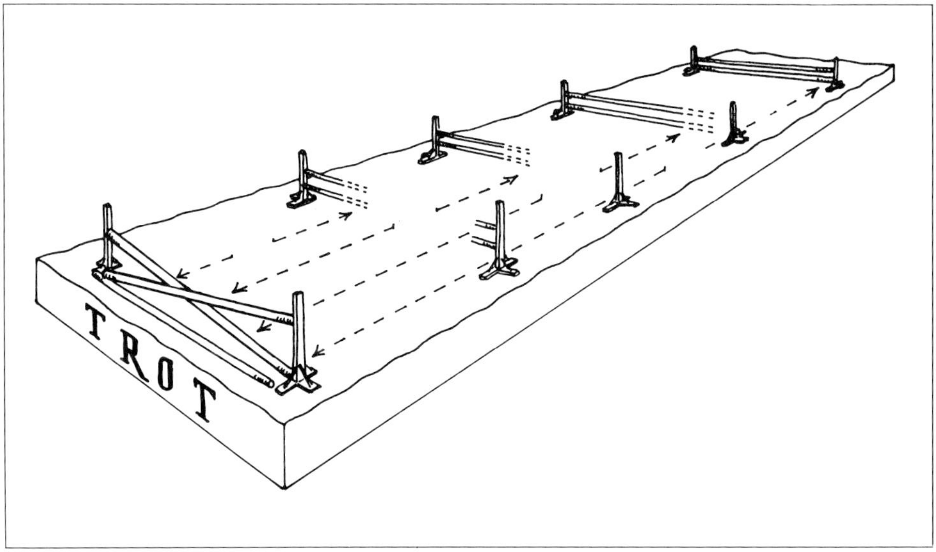

Abb. 18

der Galoppsprünge in der 5,40 m-Kombination erhöhen, multiplizieren Sie einfach mit 12 (Abb. 18).

- Erster Galoppsprung = 5,40 bis 5,50 m
- Zweiter Galoppsprung = 5,40 m + 3,60 m = 9 m
- Dritter Galoppsprung = 9,00 m + 3,60 m = 12,80 m
- Vierter Galoppsprung = 12,80 m + 3,60 m = 16,40 m

Die erste Distanz wurde auf 5,40 m berechnet, denn sie beinhaltet die Landephase des Trabsprunges (1,20 m), einen kurzen Galoppsprung (3,00 m) und den Absprung vor dem zweiten Hindernis (1,20 m).

Das weitere Vorgehen ist sehr einfach: Hat Ihr Pferd die Kombination mit zwei Galoppsprüngen gut bewältigt, können Sie, wenn sie möchten, die Reihe verlängern und einen vierten und fünften Galoppsprung hinzufügen. Aber vergessen Sie nicht, die Distanz nur zu verändern, wenn Ihr Pferd ruhig springt.

Vergessen Sie auch nicht, den Boden zu rechen, um die Hufabdrücke zu beobachten. Nachdem Sie mehrere Galoppsprünge galoppiert sind, wird diese Arbeit Ihr neuentwickeltes Gefühl für die Absprungphase bestärken. Außerdem bereitet Sie diese Arbeit auf das korrekte Anreiten eines Einzelsprunges ohne die Hilfe einer vorbestimmten Distanz vor.

Teil 3
Das Hinführen des Pferdes auf den richtigen Absprungpunkt

Am Ende des ersten Teils dieser Folge lernten Sie die Vorhand des Pferdes in die Absprungzone zu bringen, im zweiten Teil lernten Sie das Gefühl für die

Absprungphase beim Springen kennen. In diesem dritten Teil nun werden Sie diese beiden Komponenten verbinden und lernen, wie Sie Ihr Pferd bei einem Einzelsprung in die Absprungzone bringen können.
Beim Springen ist es am einfachsten, mit dem Einzelsprung zu beginnen, um zu lernen, wie man den Galoppsprung anpaßt.
Bauen Sie ein 45 cm hohes Kreuz auf dem Hufschlag. Bitten Sie Ihren freundlichen Helfer, den Boden vor den Stangen zu rechen und einen ca. 45 cm großen Kasten vor diesem neuen Hindernis in den Sand zu zeichnen. Galoppieren Sie auf einem Zirkel in ausreichendem Abstand zum Hindernis an. Festigen Sie das Tempo und das Gleichgewicht des Pferdes und reiten Sie auf den Sprung zu.
Indem Sie auf die Absprungzone sehen, entscheiden Sie sofort, ob Sie eine Veränderung ausführen müssen und führen sie dann auch aus. Anschließend sehen Sie in die Höhe und hinter den Sprung.
Haben Sie keine Angst, in Ihrer Beurteilung falsch zu liegen.
Nur Menschen, die niemals irgend etwas tun, machen niemals Fehler. Vergessen Sie nicht, daß diese Übung Ihre Entscheidungen verbessert. Während der letzten Galoppsprünge, die dem Hindernis vorausgehen müssen, benützen Sie ihre natürlichen Hilfsmittel:
Sitz: In leichtem Kontakt mit dem Sattel, gut im Gleichgewicht mit leicht nach vorne gebeugtem Oberkörper.
Beine: Gleichseitig treibend am Gurt, um das Unterspringen zu perfektionieren und dabei die Geschwindigkeit und den Impuls aufrecht zu erhalten.
Hände: In weicher Verbindung zum Pferdemaul, immer auf plötzliche Veränderungen im Gleichgewicht des Pferdes gefaßt.
Bauen Sie das Kreuz in einen niedrigen Steilsprung von ca. 60 cm Höhe um und wiederholen Sie diese Übung.

NÜTZLICHE VORSCHLÄGE

Wenn Sie glauben, Sie sehen einen guten Absprungpunkt, so warten Sie am besten einen weiteren Galoppsprung ab, um dann bestätigt zu bekommen, was sie wahrgenommen haben. Anschließend treffen Sie eventuell notwendige Veränderungen, bevor Sie hochsehen.
Können Sie keinen Absprungpunkt sehen, warten Sie ein bis zwei Galoppsprünge und schauen Sie noch einmal. Können Sie immer noch nichts erkennen und bemerken aber, daß Sie immer näher zum Hindernis kommen, machen Sie sich keine Sorgen, sondern konzentrieren sich einfach auf den Impuls und das Gleichgewicht des Pferdes, das ihm ermöglichen wird, diese Situation zu bewältigen. Es ist schließlich eine Partnerschaft, oder nicht?
Nachfolgend erhöhen Sie den Sprung jeweils um 10 cm, bis er eine Höhe von 90 cm–1,50 m erreicht. Bitten Sie ihren freundlichen Helfer, die Absprungzone beim Erhöhen des Sprunges nach hinten zu verschieben, d. h. für einen 90 cm hohen Sprung muß sich die Zone 1,05 m vor dem Hindernis befinden. Für einen 1,05 m hohen Sprung wären es 1,20 m etc. (Abb. 19)
Üben Sie diese Aufgabe, bis Sie in der Lage sind, Ihr Pferd jedesmal richtig in die Absprungzone zu bringen.

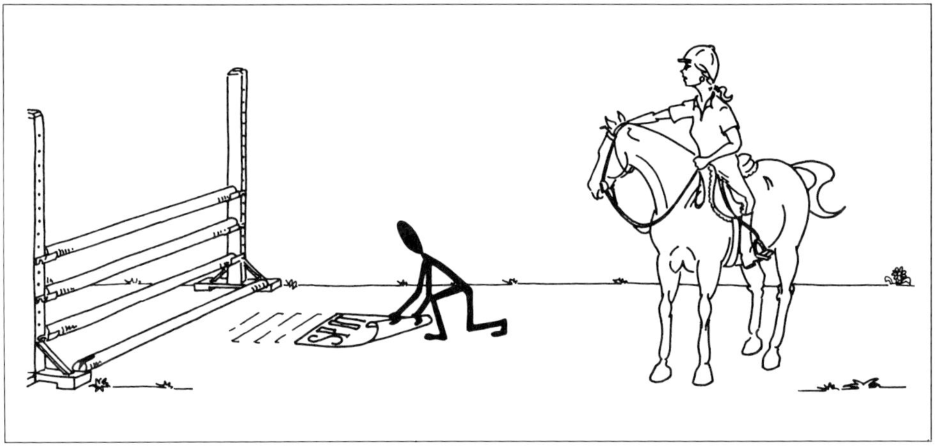

Abb. 19

Ohne die Absprungzone zu verändern, bitten Sie ihren freundlichen Helfer, einen ca. 90 cm hohen und maximal 60 cm breiten Oxer zu bauen. Die Stelle, an der sich der vorherige Steilsprung befand, benützen wir als Mittelpunkt des neuen Oxers (Abb. 20).

Gehen Sie sicher, daß die vorderste oberste Stange 7,5 cm niedriger liegt als die hintere Stange. Um den Oxer besser zu springen, wird sich Ihr Pferd mehr der Grundlinie nähern, deshalb erscheint uns die Absprungzone dichter am Hindernis.

Nachdem Sie den Galoppsprung angepaßt haben, sehen Sie auf. Sie fokussieren aber diesmal *die Mitte der hinteren, obersten Stange.*

Im folgenden erheben Sie den Oxer ins Quadrat, bis sich die beiden oberen Stangen in gleicher Höhe befinden. Tag für Tag können sie dann den Oxer, soviel, wie ihr Mut zuläßt, verbreitern (Abb. 21).

Abb. 20

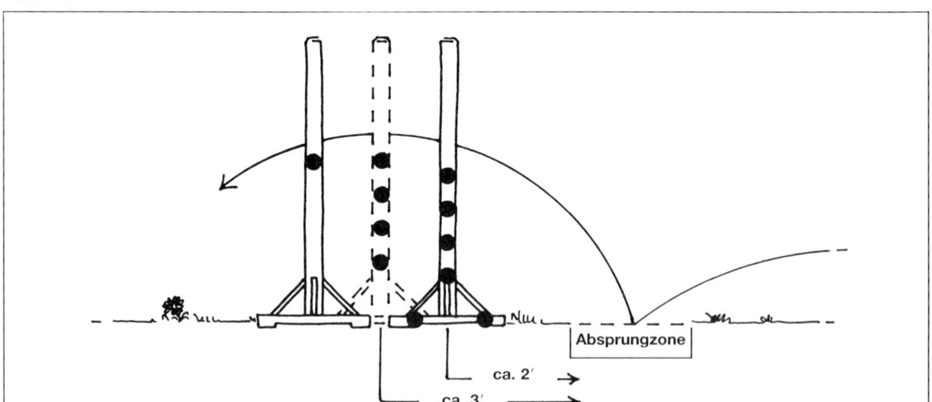

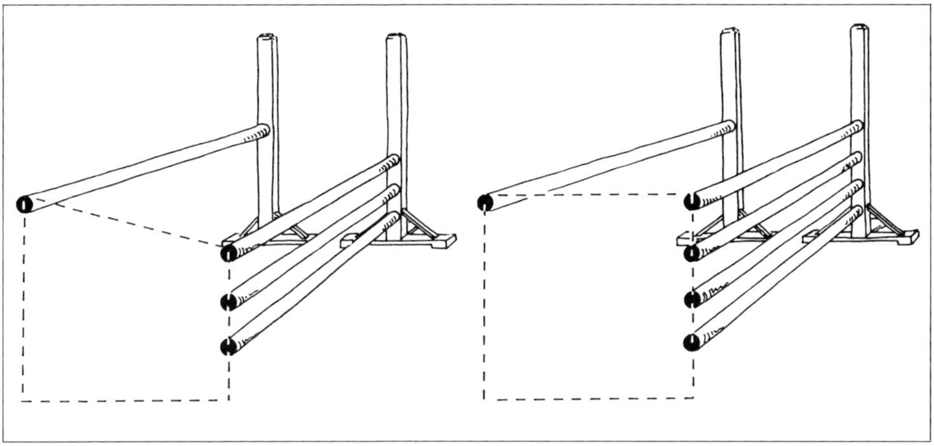

Abb. 21

HILFREICHER VORSCHLAG
Wenn Sie auf ein breites Hindernis zureiten, sollten Sie mit dem Zügel etwas nachgeben, um dem Pferd zu ermöglichen, näher an die Grundlinie des Sprunges zu kommen und mehr Freiheit in seiner Vorhandaktion zu haben. Bedenken Sie auch, daß sie umso wirkungsvoller mit Ihren Beinen treiben müssen, je höher der Sprung wird.

Teil 4
Die Absprungpunkte zwischen den Hindernissen

In diesem Teil werden Sie lernen, eine Reihe mit zwei Hindernissen im Galopp anzureiten.
Sobald Sie mit der Absprungzone vertrauter sind, werden sich die Hindernisse verändern lassen und die Galoppsprünge zwischen den Hindernissen werden verringert, um die Schwierigkeiten in der Folge zu vergrößern. Der Abstand zwischen zwei Hindernissen, die aus dem Galopp gesprungen werden, variiert je nach Höhe der Sprünge und der Geschwindigkeit des Pferdes. Für eine »In-Out«-Kombination mit einem Galoppsprung zwischen den Hindernissen und einer Höhe von ca. 1,50 m ist das durchschnittliche Maß ca. 7,20–7,60 m.
Dieser Abstand enthält natürlich die Landung nach dem ersten Element (1,80 m), einen Galoppsprung (3,60 m) und den Absprung vor dem zweiten Hindernis (1,80 m) (Abb. 22). Sie können daraus für eine Kombination von zwei Hindernissen folgern:

- Ein Galoppsprung: 1,80 m + 3,60 m = 7,20 m
- Zwei Galoppsprünge: 7,20 m + 3,60 m = 10,80 m
- Drei Galoppsprünge: 10,80 m + 3,60 m = 14,40 m usw.

Um eine Reihe zu verkleinern oder zu vergrößern, Galoppsprünge hinzuzufügen oder abzuziehen, rechnen Sie mit einem Vielfachen von 3,60 m.

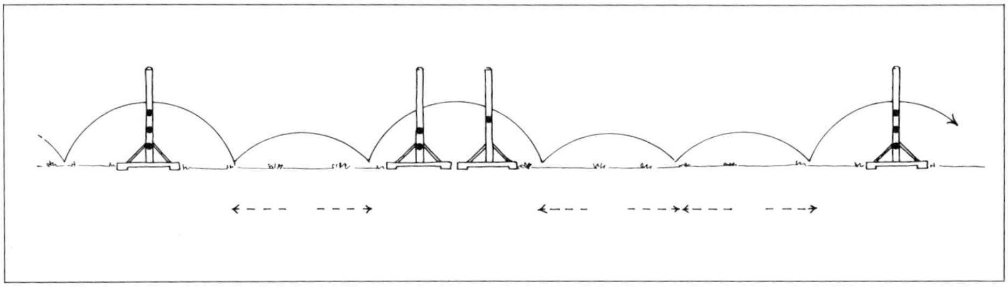

Abb. 22

Mit Ihrem freundlichen Helfer bauen Sie eine Reihe von zwei Steilsprüngen mit einem Abstand von 25,20 m.
Rechen und spuren Sie die Absprungzonen. Obwohl Sie diese im Moment vielleicht nicht so dringend benötigen, wollen wir nicht zu schnell vorangehen.
Von der Reihe entfernt galoppieren Sie an und reiten auf die Sprünge zu, sobald sich Rhythmus, Gleichgewicht und Impuls eingestellt haben.

ERINNERN SIE SICH:

Sie müssen den Absprungpunkt finden, um eine Korrektur vornehmen zu können.
Wenn Sie beim ersten Versuch nichts sehen oder sich nicht sicher sind, ob Sie die Galoppsprünge verlängern oder verkürzen müssen, tun Sie nichts (davon), sondern konzentrieren Sie sich stattdessen auf das Gleichgewicht, den Rhythmus und den Impuls Ihres Pferdes.
Springen Sie über das erste Hindernis, ohne den Punkt zu treffen, heben Sie also entweder zu früh oder zu spät ab, so haben Sie genug Platz, um eine unauffällige Regulierung vorzunehmen und den zweiten Absprungpunkt richtig zu treffen.

Landen Sie zu dicht hinter dem ersten Hindernis, müssen Sie sich aufrichten, um die verpaßte Distanz zu retten.
Sie sollten dabei wie folgt vorgehen:
Sitz: Nach vorne gebeugt, um zu beschleunigen.
Beine: Sie wirken stärker am Gurt ein, treiben aber nicht schneller, um ein Eilen des Pferdes in seiner Gangart zu vermeiden.
Hände: Leicht nachgebend, aber noch das Gleichgewicht des Pferdes kontrollierend.
Landen Sie zu weit vom ersten Sprung entfernt, müssen sie den Galoppsprung des Pferdes verkürzen, um die korrekte Distanz wiederherzustellen. Sie sollten dann folgendermaßen vorgehen:
Sitz: Tiefer Sitz im Sattel mit aufgerichtetem Oberkörper, um das Pferd zu veranlassen, langsamer zu werden.
Beine: Im Kontakt mit dem Rumpf des Pferdes, um das Unterspringen und den Impuls zu erhalten.
Hände: Sie halten zurück und geben bei Bedarf unauffällige halbe Paraden, um die Galoppsprünge zu verkürzen (siehe S. 106).

Anmerkung:
Waren Sie sich schon bewußt, daß die besten Reiter immer die Galoppsprünge anpassen?

Sie können es nur nicht sehen, weil diese gelernt haben, ihre natürlichen Hilfen weich und unauffällig einzusetzen.
Während Sie die Reihe springen, verändern Sie langsam zuerst den zweiten und dann auch den ersten Steilsprung in einen Oxer. Vorausgesetzt Sie benutzen die Stelle, an der die Steilsprünge standen als Mittelpunkt der neuen Oxer, bleibt Ihr Reiten das gleiche.

HILFREICHE VORSCHLÄGE

Für eine Reihe mit zwei Hindernissen mit normalem Abstand, müssen Sie das Tempo etwas erhöhen, um einen Steilsprung mit dahinterstehendem Oxer zu springen und dabei dem Pferd zu erlauben, dichter am zweiten Hindernis abzuheben, indem sie leicht die Zügel hingeben (Abb. 23).
Um zuerst einen Oxer und anschließend einen Steilsprung zu springen, verringern Sie das Tempo, um das erste Hindernis besser anreiten zu können; dabei passen Sie die Zügellänge neu an, um das Pferd in der Kombination zum Absprung von einem weiter entfernten Punkt zu veranlassen (Abb. 24).
Um einen Oxer, gefolgt von einem weiteren Oxer, zu springen, reduzieren Sie das Tempo und lockern etwas die Zügel, um besser den ersten Sprung anreiten zu können. Anschließend machen Sie das gleiche vor dem zweiten Sprung. Springen Sie zwei aufeinanderfolgende Steilsprünge, erhalten Sie die Geschwindigkeit des Pferdes und

Abb. 23

Abb. 24

lassen Sie die Zügel angepaßt, um den ersten Sprung besser anreiten zu können und einen bequemen Absprungpunkt zu finden.
In der Kombination wiederholen Sie die gleichen Handlungen der Schenkel und der Hände, um einen ähnlichen Absprungpunkt zu erreichen.
Die Suche nach dem Absprungpunkt nach einer Wendung ist im Grunde das gleiche. Der einzige Unterschied dabei ist, daß Sie in der Lage sein müssen, die Richtung mit Leichtigkeit zu ändern, indem Sie Ihre natürlichen Hilfen so unauffällig wie möglich einsetzen.
Sitz: Verlagern Sie Ihr Gewicht in die Richtung, in die Sie reiten wollen.
Beine: Das innere Bein treibt am Gurt, um den Impuls zu erhalten; das äußere Bein liegt verwahrend hinter dem Gurt, um das Wegdriften der Hinterhand nach außen zu verhindern.
Hände: Sie halten zuerst eine konstante Verbindung zum Pferdemaul und lokkern dann den äußeren Zügel, um die Wendung zu ermöglichen.
Erliegen Sie nicht der Versuchung, »Gas zu geben«, wenn Sie einen großen Absprungpunkt sehen, sondern warten Sie lieber auf eine passendere Distanz.
Wenn Sie spüren, daß der Absprungpunkt zu dicht am Hindernis sein wird, können Sie die Wendung verkleinern, um die Anzahl der Galoppsprünge zu reduzieren und damit einen besseren Absprungpunkt zu finden.
Spüren Sie, daß der Absprungpunkt viel zu weit entfernt ist, vergrößern Sie die Wendung, um mit mehr Galoppsprüngen einen besseren Absprungpunkt zu finden.
Paßt Ihnen die Distanz überhaupt nicht und Sie können sich nicht entscheiden, was Sie tun sollen, lassen Sie Ihr Pferd selbst seinen Absprungpunkt finden, erhalten Sie aber *immer* Gleichgewicht, Rhythmus und Impuls.
Ein Parcoursbauer möchte vielleicht die Anpassungsfähigkeit des Pferdes und des Reiters testen, indem er einige durchschnittliche Distanzen baut und einige kurze oder lange. Der Unterschied ist lediglich eine Sache weniger Zentimeter oder Meter, aber das Pferd kann dies nicht erkennen, wenn es sich dem ersten Hindernis nähert. Das Pferd wird sich dessen nur bewußt, wenn es zu dicht an das zweite Element kommt, ist aber nicht in der Lage, sich selbst zu korrigieren, um den Sprung sicher zu überwinden. Auf der anderen Seite können Sie als Reiter, wenn Sie wissen, daß der Abstand zu kurz oder zu lang ist, folgendermaßen reagieren:

- Eine kurze Distanz erfordert dichtere Absprungpunkte.
- Eine lange Distanz erfordert weiter entfernte Absprungpunkte.

Anschließend springen Sie die Reihe nochmals und verlängern oder verkürzen Sie von Zeit zu Zeit den Abstand.
Nun verringern Sie die Anzahl der Galoppsprünge, indem Sie einfach den Abstand verringern, bis Sie anschließend bei einer »In-Out«-Kombination mit einem Galoppsprung angekommen sind.
Eine 7,20 m-Kombination von zwei Hindernissen ist wirklich einfach zu springen. Die einzige Schwierigkeit liegt im Anreiten des ersten Sprunges. Bereiten Sie sich aber beim Anreiten darauf vor, indem Sie etwas mehr vorwärts galoppieren als bei einem Einzelsprung, und wenn Sie Ihr Pferd an den richtigen Absprungpunkt bringen, wird

es kein Problem für Sie sein, weich und locker zu reiten. Treffen Sie aber diesen Punkt nicht, werden Sie entweder zu groß oder zu dicht kommen.
Kommen Sie zu dicht an das erste Hindernis, verlängern Sie in der Kombination nicht die Galoppsprünge, sonst kommen Sie zu dicht an das zweite Hindernis. Statt dessen warten Sie ab. Dabei tun Sie folgendes:
Sitz: Halten Sie Ihren Oberkörper leicht aufgerichtet, um das Pferd abzubremsen.
Beine: Behalten einen gleichmäßigen Druck bei, um das Unterspringen der Hinterbeine zu erhalten.
Hände: Leisten Widerstand mit den Zügeln und geben bei Bedarf unauffällige halbe Paraden, um die Galoppsprünge zu erhalten (siehe S. 106).
Springen Sie das erste Hindernis von einem weit entfernten Absprungpunkt, verlängern Sie die Galoppsprünge, um das Pferd zu veranlassen, nochmals von einem weit entfernten Punkt abzuspringen.
Das tun Sie folgendermaßen:
Sitz: Leicht nach vorne gebeugter Oberkörper, um die Geschwindigkeit zu beschleunigen.
Beine: Treiben gleichseitig stärker, aber nicht schneller, um ein Eiligwerden des Pferdes zu vermeiden.
Hände: Lockern kurz die Verbindung, um dem Pferd das Strecken des Halses und Kopfes zu ermöglichen und verstärken dann den Kontakt, um damit das Pferd zu einem früheren Absprung zu veranlassen.

HILFREICHE VORSCHLÄGE

Reiten Sie ein enges »In-Out«:

1. Beim Anreiten des Hindernisses bemühen Sie sich um einen dichten Absprungpunkt, der auch einen nahen Landepunkt auf der anderen Seite mit sich bringt.
2. Verkürzen Sie die Galoppsprünge zwischen den Sprüngen, um zu vermeiden, zu dicht an das zweite Hindernis zu kommen.

Reiten Sie ein weites »In-Out«:

1. Beim Anreiten des Hindernisses bemühen Sie sich um einen weit entfernten Absprungpunkt, der zu einem weit entfernten Landepunkt führt.
2. Verlängern Sie die Galoppsprünge zwischen den Hindernissen, um dichter an den zweiten Sprung zu kommen.

In einer Dreifachen (Kombination) sind ein Galoppsprung vor zwei Galoppsprüngen, oder umgekehrt, gleich einfach, solange nicht eine Distanz enger oder weiter als die andere ist. In einem solchen Falle fokussieren Sie das mittlere Hindernis, um anpassen zu können (siehe S. 91, die Dreifache) (Abb. 25).

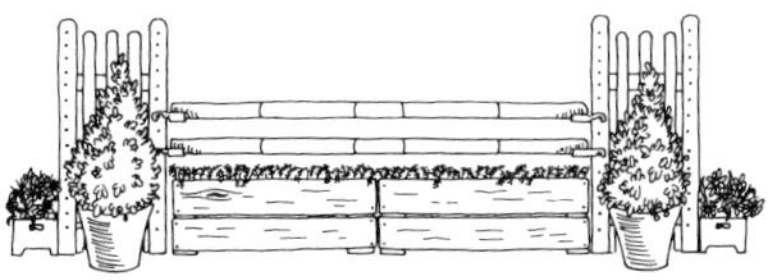

Die Erziehung des Reiters

Das Konzept des Reitens mit vorgebeugtem Oberkörper wurde in den Vereinigten Staaten entwickelt. Um das Gleichgewicht besser halten zu können und höhere Geschwindigkeiten zu erzielen, schnallten die amerikanischen Jockeys ihre Bügel kürzer und übernahmen die Vorwärtsposition in ihre Reitweise.
Zu Beginn des zwanzigsten Jahrhunderts erregte ihr unvergleichlicher Erfolg auf den überseeischen Rennbahnen großes Aufsehen in Europa.

Fasziniert von dieser Neuheit begannen die Italiener, die Prinzipien des Gleichgewichts, die hinter dieser revolutionären, neuen Art zu reiten standen, zu erfassen, und zusammen mit der französischen Schule brachten sie eine neue Methode in die Welt des Springreitens.
Im Laufe der Jahre zeigte sich, daß der Vorwärtssitz sich bewährte, indem er dem Reiter bessere Möglichkeiten gab, höher, weiter und sogar schneller zu springen.

Der Sitz des Reiters

Wenn Sie den Vorwärtssitz beibehalten, ermöglichen Sie dem Pferd, unter der optimalen Ausnutzung seiner Fähigkeiten zu springen.

VERGESSEN SIE NICHT:
Ein gut ausbalanciertes Gewicht ist ein leicht zu tragendes Gewicht.

Vorwärtssitz über dem Sprung

- Ihr Gesäß befindet sich leicht über dem Sattel, genau über Ihren Füßen.
- Ihr Oberkörper ist nach vorne geneigt, mit gerader und entspannter Wirbelsäule.
- Ihre gleichmäßig geöffneten Schulterblätter sind völlig entspannt.
- Ihr Kopf ist erhoben, mit leicht nach vorn zeigendem Kinn über dem Mähnenkamm (oberer Teil des Halses).
- Ihre Augen sehen aufmerksam nach vorne oder in Richtung des nächsten Sprunges.
- Ihre Arme sind tief und immer nach vorne bewegungsbereit, um auf das Strecken des Pferdes mit Nachgeben der Zügel zu reagieren.
- Ihre entspannten Ellenbogen befinden sich nah am Pferdehals.
- Ihre Unterarme liegen parallel und in einer Linie mit dem Mähnenkamm.

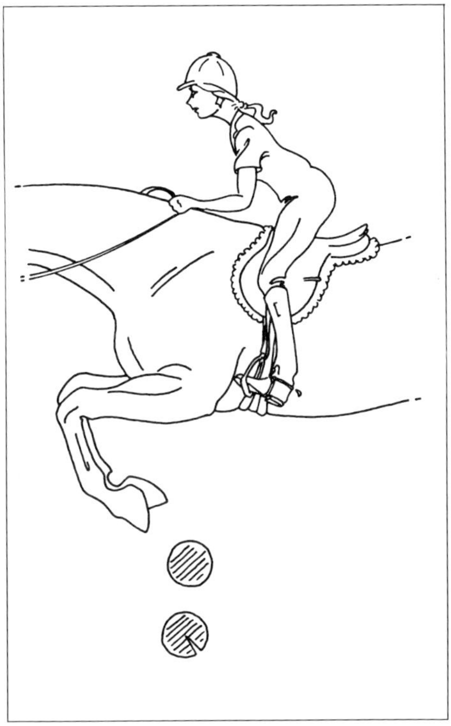

Abb. 26

- Sie halten Ihre Handgelenke auf einer Linie mit ihren Unterarmen.
- Ihre Hände, die in einer Linie mit den Unterarmen liegen, befinden sich etwas außerhalb des Mähnenkammes, aber immer oberhalb des Pferdemauls.
- Ihre Daumen und Zeigefinger halten die Zügel fest, die Daumennägel zeigen nach oben, die anderen Finger sind entspannt.
- Ihre Oberschenkel haben leichte Verbindung zum Sattel.
- Ihre Knie sind in leichter Verbindung zum Sattel.
- Ihre Unterschenkel (Waden) sind in fester Verbindung zum Pferderumpf, die Steigbügelriemen bleiben senkrecht zum Boden.
- Ihre gebeugten Knöchel sind entspannt und elastisch federnd.
- Ihre Füße am Gurt (10 cm dahinter) halten die Steigbügel mit den Fußballen fest, dabei liegt mehr Gewicht auf dem inneren Steigbügel. Jeder Steigbügel hängt senkrecht zum Pferdekörper, die Außenseite zeigt etwas nach vorne.
- Ihre Fersen liegen tiefer als die Zehen und tragen den größten Teil Ihres Gewichtes.
- Ihre Zehen behalten einen natürlichen Winkel zur Seite des Pferdes (25–35 Grad).

Der leichte Sitz im Galopp

Diesen Sitz benützt man beim Anreiten eines Sprunges oder zur Beschleunigung. Man bezeichnet ihn oft als Jagdsitz, Gleichgewichtssitz oder Zwei-Punkt-Sitz.

Der einzige Unterschied zwischen diesem Sitz und dem Sitz über dem Sprung liegt im Gesäß und im Oberkörper:

- Ihr Gesäß befindet sich beinahe im Sattel, dennoch bleibt der größte Teil ihres Gewichts in den Fersen.
- Ihr Oberkörper ist leicht gebeugt.
- Ihre Arme hängen natürlich nach unten, nah an ihrem Brustkorb.
- Ihre Ellenbogen sind an den Hüften.

- Ihre Hände werden auf der Höhe des Widerrists eine gute Handbreit auseinander getragen.

HILFREICHE VORSCHLÄGE

Um festzustellen, ob Ihr Gleichgewicht gut genug ist, sollten Sie in der Lage sein, den Vorwärtssitz beizubehalten, ohne sich an den Zügeln festzuhalten oder die Beine zu bewegen. Sollten Sie bei der normalen Arbeit oder über Sprünge Ihr Gleichgewicht verlieren, statt nach hinten zu fallen und damit hinter der Bewegung zu sein (oder wie man sagt »ein Taxi zu rufen«), erziehen Sie sich einfach selbst dazu, gleichzeitig die Waden anzuspannen und das Gesäß tiefer in den Sattel zu bringen. Vermeiden Sie eine vorweggenommene Neigung ihres Oberkörpers, Sie gehen sonst der Bewegung des Pferdes voraus und stören es beim Springen. Entschließen Sie sich stattdessen, passiver zu bleiben – folgen sie dem Pferd und lassen Sie sich vom Pferd die richtige Neigung des Körpers geben. Um dem Pferd die Streckung des Halses beim Überwinden eines Hindernisses zu ermöglichen, müssen Sie nachgeben können, deshalb bleiben Ihre Schultern, Ellenbogen und Handgelenke entspannt.

Während der Sprungphase bleiben Ihre Waden angespannt, um einen guten Halt am Pferderumpf zu haben. Sie verlieren Ihr Gleichgewicht und stürzen unter Umständen, wenn Ihre Beine zu schwach sind. Ihr Gleichgewicht sollte weiterhin hauptsächlich in Ihren Absätzen liegen: je tiefer das Gewicht verlagert ist, umso weniger bewegen Sie sich auf dem Pferd. Ich frage Sie in diesem Zusammenhang, was schwieriger zu bewegen ist? Der Fuß eines Hindernisständers oben oder unten getragen (Abb. 27)?

Abb. 27

Um sein Gleichgewicht zu sichern, ist es für einen Reiter üblich, unauffällig ein Bein etwas weiter nach hinten zu legen als das andere.

Vor langer Zeit waren Kriegsexperten der Meinung, daß man die Beine gespreizt und niemals auf gleicher Höhe haben dürfte, um das Gleichgewicht zu erhalten.

Die Steigbügellänge variiert nach dem Körperbau des Pferdes und der Größe des Reiters. Wenn man aber Springen lernt, ist es am besten, die Steigbügelriemen so kurz zu schnallen, daß sich die Steigbügel in Höhe des Knöchels befinden, wenn sie die Beine locker hängenlassen (Abb. 28).

Ferner sitzt der Reiter stärker und fester, wenn die Steigbügelriemen kürzer sind. Ist ein Bein des Reiters schwächer als das andere, so ist es ratsam, den Steigbügelriemen des schwachen Schenkels 1–2 Löcher kürzer zu schnallen, um das schwache Bein zu stärken. Jeder Steigbügel soll möglichst parallel zum Pferdekörper sein, die Außenseite dabei

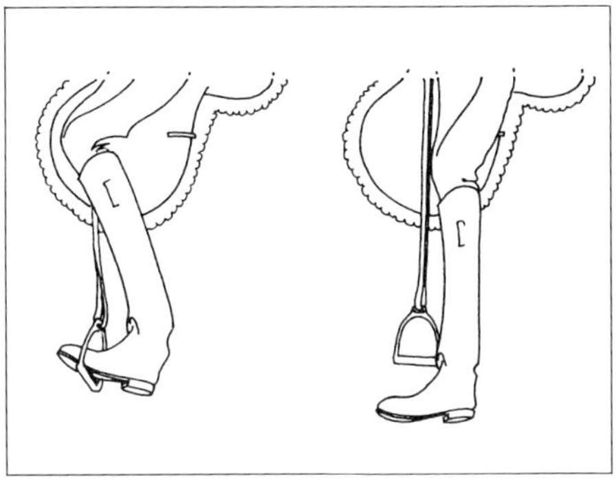

Abb. 28

leicht nach vorne zeigend. Ihre Zehenspitze drehen Sie leicht nach innen, wenn Sie das Gewicht in ihren Zehen verstärken möchten. In der umgekehrten Situation drehen Sie die Zehenspitzen nach außen, um das Treiben des Schenkels abzuschwächen.
In Ihren Stiefeln sollten Sie Ihre Zehen so einrollen als würden sie versuchen, den Steigbügel direkt mit ihren Zehen zu halten.
Richtige Kleidung . . ., es gibt soviel über dieses Thema zu sagen. Warum sind die meisten Menschen so nachlässig mit ihrer Kleidung, wenn sie den alleredelsten Sport betreiben?
Ich glaube, ich habe eine befriedigende Antwort auf diese Frage gefunden.
Eines Tages hörte ich diese Bemerkung, die ich leicht veränderte:
»Ist ein Reiter schlecht gekleidet, wird er/sie wegen seiner/ihrer nachlässigen Erscheinung bemerkt. Ist ein Reiter aber richtig angezogen, wird er/sie durch seine/ihre reiterlichen Fähigkeiten auf sich aufmerksam machen.«
Die Wahl ist nun an Ihnen, aber bitte teilen Sie den Menschen mit, sie sollen sich in ihrem Sport angemessen kleiden.
Was die Schuhe betrifft, ist es eine reine Sicherheitsfrage.
Reiten Sie nicht mit flachen Sohlen wie bei Freizeit- oder Tennisschuhen.
Jodphur-Stiefel und Reitstiefel sind so viel bequemer beim Reiten und so viel sicherer, denn sie haben Absätze und keine unbefestigten Teile, die sich am Steigbügel verhängen können.

Übungen für den Reiter

Um Festigkeit, Geschmeidigkeit und Gleichgewicht im Springsitz zu entwikkeln und zu verbessern, dehnen Sie die Muskeln Ihres Obers- und Unterkörpers mit den unten aufgeführten Übungen.
Diese sollten mit kurzen Steigbügeln ausgeführt werden, zuerst im Halten, dann im Schritt, Trab und Galopp.

Der Vorwärtssitz

Mit den folgenden Übungen können Sie Ihren Körper erziehen, sich richtig zu bewegen und auch über dem Sprung den richtigen Vorwärtssitz beizubehalten.
In dieser einfachen Folge sollten Sie die einzelnen Phasen mehrmals wiederho-

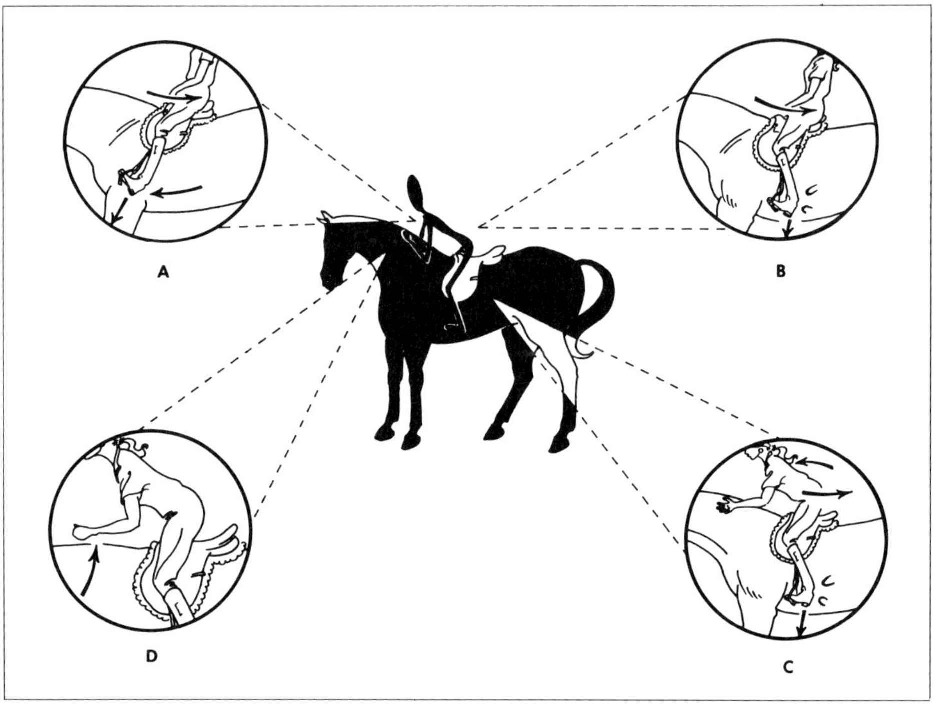

Abb. 29

len, bevor Sie zur nächsten weitergehen.

1. Halten Sie ihren Oberkörper aufgerichtet und gerade, verstärken Sie das Gewicht in ihren Fersen. Bewegen Sie ihre Beine vorwärts und drücken Sie die Fersen nach unten, bis Ihr Gesäß nach hinten an den Sattelrand rutscht (Abb. 29A).
2. Rutschen Sie auf dieselbe Weise nach hinten, verstärken Sie aber diesmal den Druck Ihrer Waden gegen den Pferderumpf, so erlauben Sie Ihren Beinen nicht, sich nach vorne zu bewegen (Abb. 29B).
3. Rutschen Sie Ihr Gesäß nach hinten, diesmal beugen Sie Ihren Oberkörper so natürlich über den Pferdehals wie möglich (Abb. 29C).
4. Rutschen Sie in den Vorwärtssitz, ohne die Hände auf dem Mähnenkamm aufzustützen, halten Sie die Hände leicht oberhalb des Halses und stellen Sie sich vor, die Zügel zu halten (Abb. 29D).

Übungen für den Unterkörper

1. Stehen Sie gerade und verlagern Sie Ihr ganzes Gewicht in die Fersen. Halten Sie sich zuerst an der Pferdemähne oder am Halsriemen fest und bringen Sie sich dann langsam ins Gleichgewicht (Abb. 30).
2. Stehen Sie gerade auf Ihren Zehenspitzen, die Fersen so hoch wie mög-

Abb. 30

Abb. 31

Abb. 32

lich, halten Sie sich zuerst an der Mähne fest und bringen Sie sich dann langsam ins Gleichgewicht (Abb. 31).

Versuchen Sie jedesmal, wenn Sie die Übung ausführen, so lang wie möglich in dieser Haltung zu bleiben, und versuchen Sie, sich jedesmal zu übertreffen.

Diese beiden Übungen sollten variiert und können auch mit hinter dem Rükken verschränkten Armen ausgeführt werden.

Übungen für den Oberkörper

Während Sie diese Übungen ausführen, müssen Ihre Schenkel fest am Gurt bleiben, ohne nach vorne oder hinten zu rutschen.

Die folgenden Übungen sollten gleichmäßig mit der rechten und der linken Hand gemacht werden, während die Zügel in der ausruhenden Hand bleiben.

1. Nehmen Sie den Vorwärtssitz ein und berühren Sie Ihre rechte Zehe mit der rechten Hand. Um Ihren Oberkörper nach unten zu bewegen, spannen Sie zuerst die Waden an und rutschen anschließend Ihr Gesäß nach hinten (Abb. 32).
2. Im Vorwärtssitz berühren Sie Ihre linke Zehe mit der rechten Hand, führen dabei die Hand unter Ihrem linken Arm durch. Verstärken Sie den Druck auf ihre Unterschenkel, um sicherzugehen, daß sie an derselben Stelle bleiben (Abb. 33).

Abb. 33

Abb. 34

Abb. 35

Abb. 36

3. Setzen Sie sich hin und versuchen Sie durch Drehen des Oberkörpers und indem Sie den rechten Arm vor Ihrem Unterleib unter dem linken Arm durchführen, den Sattelrand zu packen (Abb. 34).
4. Setzen Sie sich hin und berühren Sie den Sattelknauf, indem Sie Ihre rechte Hand hinter Ihren Rücken führen und den Oberkörper drehen. Achten Sie darauf, die Unterschenkel nicht zu bewegen (Abb. 35).
5. Richten Sie sich etwas auf, fassen Sie den Sattelrand, halten Sie sich einen Moment daran fest, indem Sie zwischen Ihren Oberschenkeln durchfassen. Stützen Sie sich dabei nicht mit der linken Hand am Pferderükken auf (Abb. 36).

Die besten Ergebnisse erzielt man, wenn man die Übungen für den Oberkörper und den Unterkörper verbindet und mit langsam zunehmender Bewegungsschnelligkeit.

Wechseln Sie zum Beispiel schnell vom Sitzen zum Stehen auf den Fersen, dann in den Vorwärtssitz, stellen sich auf die Zehenspitzen und setzen sich wieder hin.

Sobald Ihnen diese Übungen im Halten leichtfallen, sollten Sie diese im Schritt, Trab und Galopp ausführen.

Teil 1
Lernen, den Vorwärtssitz zu erhalten

Um leicht lernen zu können, Schritt für Schritt vorzugehen, sollten Sie ein sogenanntes »fertiges Pferd« oder gutes Schulpferd zur Verfügung haben, das die verlangten Übungen ohne Zögern ausführt. Denken Sie dabei an das alte Sprichwort: »Alte Pferde für junge Reiter, junge Pferde für alte Reiter.«
Mit Ihrem freundlichen Helfer bauen Sie eine Hindernisreihe auf den Hufschlag Ihres Reitplatzes. Dazu legen Sie zuerst eine einzige Stange auf den Hufschlag am Anfang der langen Seite.
Dann gehen Sie drei Schritte und legen jeweils Stangen aufeinander mit einem Ständer rechts und links.
Anschließend gehen Sie sechs Schritte und legen dasselbe auf den Boden. Gehen Sie sieben Schritte und stellen sie wieder drei Stangen und zwei Ständer auf. Abschließend gehen Sie acht Schritte und bauen das letzte Hindernis (Abb. 37).
Reiten Sie einige Male im Schritt durch diese Reihe, und sobald sich das Pferd völlig entspannt hat, traben Sie hin und zurück über die Stangen.
Dabei empfehle ich, die Übungen für den Unter- und Oberkörper auszuführen, während Sie über die Stangen traben. Fangen Sie anschließend an, langsam, aber sicher 45 cm hohe Kreuze zu bauen. Dabei beginnen Sie mit den hintersten Stangen und Ständern und bauen ein neues Kreuz, sobald Sie zweimal durch die Reihe geritten sind (Abb. 38). Um diese Art von Training

Abb. 37

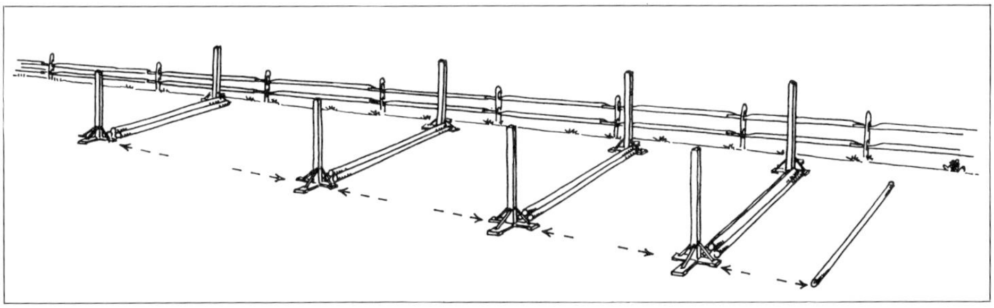

Abb. 38

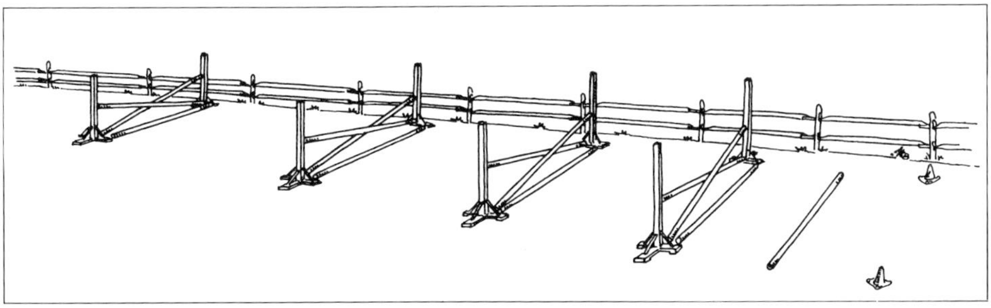

erfolgreich durchzuführen, reiten Sie im Leichttraben auf die Reihe zu.

Ca. 1,50 m–1,80 m vor der ersten auf dem Boden liegenden Stange sitzen Sie aus und verlagern gleichzeitig Ihr Gewicht in die Fersen. Kurz vor der Stange gehen Sie geschmeidig in den Vorwärtssitz und bleiben dort. Reiten Sie im Trab über das erste Kreuz und lassen Sie anschließend das Pferd selbständig über die drei folgenden Sprünge galoppieren. Die vorher gemessenen Abstände ermöglichen Ihrem Pferd einen bequemen Absprungpunkt. Bleiben Sie zwischen den Sprüngen im Vorwärtssitz, ohne den Körper wieder aufzurichten. Richten Sie sich nach dem letzen Hindernis langsam wieder auf, sitzen Sie leicht im Sattel und bringen Sie mit ständigem Beinkontakt das Pferd für einen Moment zum Halten.

Für die nächste Zeit sollten Sie diese Technik benutzen, um Ihren Reflex zu entwickeln, das Pferd nach dem Sprung wieder ins Gleichgewicht zu bringen.

Es wird Ihnen auch beim Reiten eines ganzen Parcours eine große Hilfe sein. Achten Sie jedesmal, wenn Sie über die Reihe reiten, auf jeden einzelnen Teil Ihres Körpers und vergewissern Sie sich, daß sich alles an der richtigen Stelle befindet, um den beschriebenen Vorwärtssitz auszuführen. Mit der Wiederholung wird Ihnen dies zur Gewohnheit, ohne daß Sie weiter daran denken müssen. Dazu reiten Sie folgendermaßen (Abb. 39):

Sitz: Senkrecht über ihren Füßen, leicht aus dem Sattel, Ihr Oberkörper ist beinahe parallel zum Pferdehals.

Beine: Am Gurt in fester Verbindung zum Pferderumpf.

Hände: Entspannt und in weicher Verbindung zum Pferdehals.

Diese Übungen entwickeln

- das richtige Gleichgewicht,
- die Festigkeit Ihrer Beine,
- Ihr Selbstvertrauen,
- die Entspannung Ihres Geistes und Ihres Körpers.

NÜTZLICHE VORSCHLÄGE

Konzentrieren Sie sich auf Ihre Füße, wenn Sie über die Reihe reiten, um sicherzugehen, daß Ihre Absätze tief und Ihre Zehen hoch sind.

Übertreiben Sie nicht die Bewegung Ihrer Knöchel, denn wenn Sie die Gelenke blockieren, verlieren diese Stoßdämpfer ihre Wirkung.

Um die richtige Fußstellung zu erhalten, genügt es, wenn Sie sich darauf konzen-

Abb. 39

trieren, mit den Zehenspitzen nach oben zu zeigen. Um das Pferd nicht mit einer plötzlichen Beinbewegung zu überraschen, halten Sie ständige Verbindung mit ihren Waden. Halten Sie sich zuerst an der Mähne oder an einem Halsriemen fest, wenn Sie über die Reihe reiten. Anschließend üben Sie, die Zügel geschmeidig, zuerst mit beiden Händen, dann mit einer Hand zu halten. Am Schluß springen Sie durch die Reihe, ohne sich an irgend etwas festzuhalten. Üben Sie außerdem das Nachgeben Ihrer Hände über dem Sprung, um den Zug auf das Pferdemaul zu lockern und es dem Pferd zu ermöglichen, frei zu springen. Suchen Sie sich einen weit entfernten Punkt oder Gegenstand, wenn Sie durch die Reihe reiten, und konzentrieren Sie sich darauf, indem Sie durch die Ohren des Pferdes sehen. Um schnell mit dem größten Erfolg vorangehen zu können und um den Vorwärtssitz zu erhalten, müssen Sie regelmäßig die Übungen für den Unter- und Oberkörper ausführen, während Sie über kleine Hindernisse springen.

Teil 2

Sie lernen, Stärke und gutes Timing in Ihren Unterschenkeln zu entwikkeln

Meiner Meinung nach ist das Springen ohne Steigbügel, im Sattel sitzend, eine der schnellsten, sichersten und interessantesten Methoden, um Ihre Unterschenkel zu stärken und ein gutes Zeitgefühl zu entwickeln. Legen Sie mit Ihrem Helfer vier Stangen zwischen zwei Ständern auf den Hufschlag. In einem Abstand von den Stangen sitzen Sie im Trab aus und gehen wie folgt vor (Abb. 40):

Abb. 40

Traben Sie einige Male hin und her über die Stangen und bleiben Sie im *Aussitzen*.
Üben Sie, die Unterschenkel anzuspannen, während Sie über die Stangen springen, also Spannung vom Absprung bis zur Landung.
Bauen Sie ein 45 cm hohes Kreuz und gehen sie wie beschrieben vor: Lehnen Sie sich nicht nach vorne, aber lassen Sie ihren Oberkörper immer aufgerichtet.
Sitz: *Immer* in Verbindung zum Sattel.
Beine: Sind beim Anreiten, Springen und der Landung nach dem Hindernis fest am Gurt.
Hände: Eine Hand hält sich am Sattelknauf fest, um Ihr Gleichgewicht zu sichern und Sie im Sattel »festzukleben«, die andere Hand hält entspannt die langen Zügel.
Wenn mit der Übung Ihre Unterschenkel fester und stärker werden, werden Sie sich immer weniger am Sattelknauf festhalten müssen, bis Sie in der Lage sind, mit hinter Ihrem Rücken verschränkten Armen zu springen. Sie werden feststellen, daß Sie Hindernisse und Kombinationen jeder Höhe, ja sogar ganze Parcours springen können.

DIESE ÜBUNG

- hilft mit Sicherheit den Reflex zu fördern, Ihre Unterschenkel vom Absprung bis nach der Landung anzuspannen;
- wird Sie lehren, den Oberkörper locker zu lassen und geschmeidig mit den Händen zu sein;
- wird Sie lehren, mit erhobenem Kopf geradeaus zu sehen;
- wird sowohl das größte Selbstvertrauen in Ihre reiterlichen Fähigkeiten aufbauen als auch dabei helfen, Ihr Gleichgewicht bei einem überraschenden Bocksprung des Pferdes zu kontrollieren.

Sobald Sie bequem im Aussitzen ohne Steigbügel springen können, wird es sehr leicht für Sie sein, mit Steigbügeln im Vorwärtssitz zu springen. Dabei traben Sie vom Hindernis entfernt an und führen dann Ihr Pferd in die Richtung des Hindernisses. Beim Anreiten heben Sie Ihre Oberschenkel etwas an und stellen sich vor, Sie hätten noch Steigbügel.
Sitz: Senkrecht über Ihren Füßen, leicht aus dem Sattel.
Beine: Fest am Gurt, mit hochgezogenen Knien und Zehen.
Hände: Entspannt und in geschmeidiger Verbindung zum Pferdemaul.

NÜTZLICHE VORSCHLÄGE

Damit Sie sich beim Springen ohne Steigbügel im Aussitzen oder nach vorne gebeugt wohlfühlen, müssen Sie viele Hindernisse springen, dabei beginnen Sie niedrig und erhöhen und verbreitern diese, sobald Sie sicherer sind.
Diese Arbeit sollte auch in einem ruhigen Galopp geübt werden.

Teil 3
Lernen, das Timing Ihres Oberkörpers zu entwickeln

Der schnellste Weg, um die richtige Haltung Ihres Oberkörpers zu vervollkommnen, ist es, kleine Hindernisse auf einem Zirkel zu springen.
Mit Ihrem freundlichen Helfer bauen Sie ein Kreuz oder einen Steilsprung von 60 cm Höhe in die Bahn.
Traben Sie an und bleiben Sie in dieser Gangart auf einem Zirkel mit einem Durchmesser von 6,00 m. Bei jeder Umdrehung springen Sie das Hindernis folgendermaßen (Abb. 41):

• Vor dem Sprung:
Sitz: Leicht im Sattel, mit etwas nach vorne gebeugtem Oberkörper.
Beine: Gemeinsam treibend am Gurt, um den Impuls zu erhalten.
Hände: In geschmeidiger Verbindung zum Pferdemaul, um das Gleichgewicht zu erhalten.

• Nach dem Sprung:
Sitz: Leicht im Sattel, der Oberkörper richtet sich sofort, aber geschmeidig auf.
Beine: Gemeinsam treibend am Gurt, um die Hinterbeine wieder zu aktivieren.
Hände: Bleiben stehen, um das Pferd wieder ins Gleichgewicht zu bringen.

Bleiben Sie immer in derselben Gangart und auf demselben Zirkel, während sie diese Aufgabe üben. Das Pferd macht wahrscheinlich am Anfang einige schreckliche Sprünge, aber egal, wie unsicher das Pferd beim Anreiten auch erscheinen mag, lassen Sie es springen. Mit der Zeit wird es lernen, sich selbst zum richtigen Absprungpunkt zu bringen und immer auf der richtigen Hand landen.
Selbstverständlich sollte diese Gymnastik sowohl auf der rechten als auch auf der linken Hand geübt werden.

Abb. 41

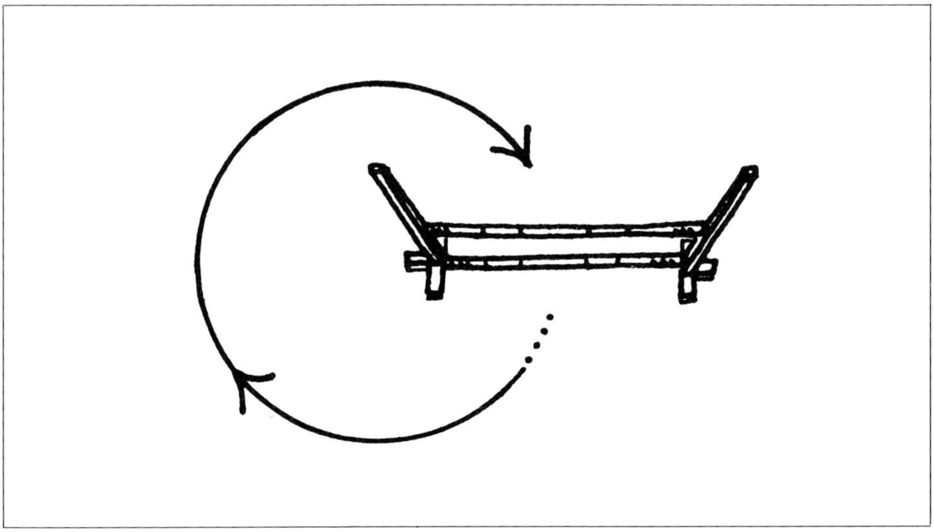

DIESE ÜBUNG WIRD SIE LEHREN

- immer wachsam und aufmerksam zu sein,
- zu schauen, wo Sie hinreiten,
- einem Muster zu folgen,
- das Gleichgewicht des Pferdes zu erhalten,
- den Impuls zu entwickeln und beizubehalten,
- Ihren Oberkörper zu entspannen und bereit zu sein, der Bewegung zu folgen, ohne voraus zu springen,
- Ihre Reflexe zu fördern und die Abstimmung Ihrer Beine zu perfektionieren.

Sie sollten weiterhin auch eine ähnliche Aufgabe üben, dabei folgen Sie dem Muster einer Acht (zwei sich berührende Zirkel).

Die Sprungphase wird sehr ähnlich sein, nur müssen Sie jetzt wegen der Richtungsänderung noch aufmerksamer sein.

Dabei reiten Sie die Hindernisse folgendermaßen an:

Sitz: Leichter Sitz mit etwas mehr Gewicht auf dem inneren Gesäßknochen und dem inneren Absatz; der Oberkörper ist nach vorne gebeugt.

Beine: Das innere Bein ist treibend am Gurt, um den Impuls zu erhalten; der äußere Schenkel ist verwahrend hinter dem Gurt, um ein Wegschleudern der Hinterhand zu verhindern.

Hände: Die innere, führende Hand (siehe S. 110, Zügelhilfe I) biegt das Pferd in die Richtung, der es folgen soll; die äußere Hand gibt nach, um die Bewegungen des inneren Zügels zu ermöglichen und falls erforderlich, die Richtung zu regeln.

DIESE ÜBUNG LEHRT SIE:

- die Hinterhand zu drehen und in der inneren Spur des Zirkels zu halten,
- die Vorwärtsbewegung und den Impuls zu erhalten,

Abb. 42

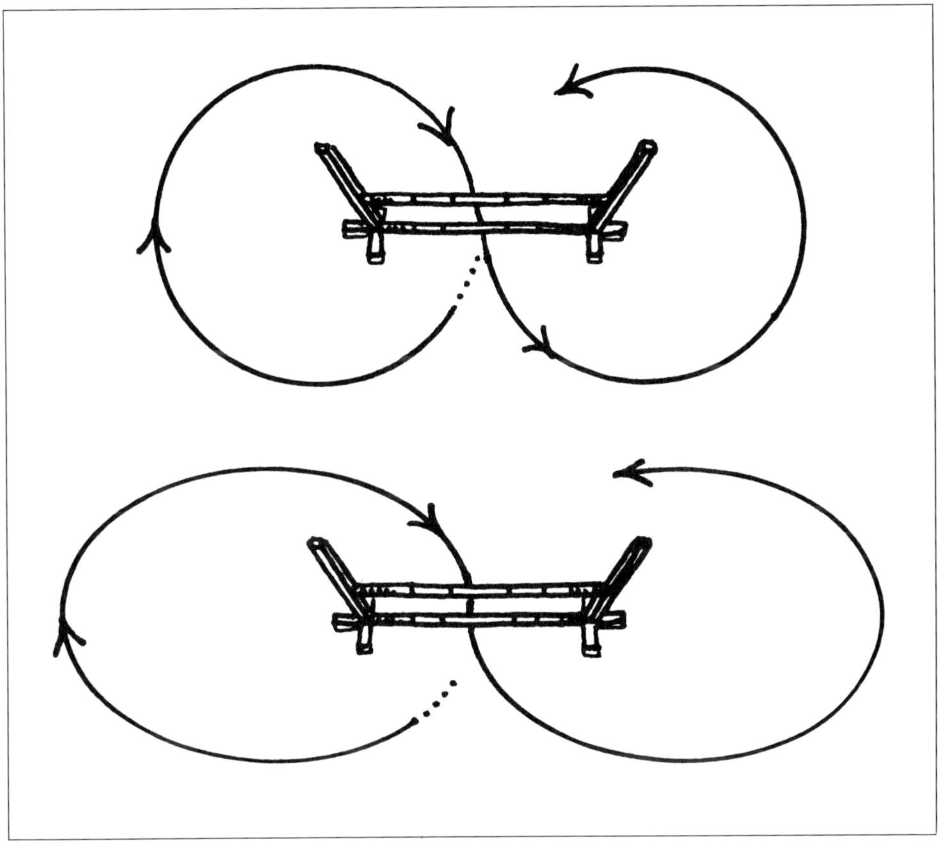

Abb. 43

- einem bestimmten Muster zu folgen und denselben Radius zu erhalten,
- das Pferd in die Richtung zu biegen, der es folgen soll.

HILFREICHE VORSCHLÄGE

In der Absprungphase können Sie bereits die Hilfen für den neuen Handgalopp einleiten; dieses Vorgehen ist jedoch nicht »idiotensicher.«

Hat Ihr Pferd die Tendenz, in die Wendungen zu fallen, verteilen Sie Ihr Gewicht gleichmäßig direkt oberhalb des Sattels, drücken gleichmäßig auf die Steigbügel und halten sich bereit, das Pferd mit einem angemessenen inneren indirekten Zügel (siehe S. 110 Zügelhilfe III) verstärkt durch das treibende Bein zu unterstützen.

Nachdem Sie mit dieser Übung vertraut geworden sind, ist es ratsam, den Durchmesser des Zirkels oft zu verändern, d. h. zu vergrößern und zu verkleinern oder in ein Oval abzuändern (Abb. 43).

Gute Wendungen sind eine entscheidende Grundlage, um dem Muster eines Parcours zu folgen, um ein Hindernis richtig aus einem korrekten Winkel anzureiten und um das Unterspringen des Pferdes im Gleichgewicht zu erhalten.

Teil 4
Lernen, den Vorwärtssitz zwischen zwei Hindernissen beizubehalten

Mit Ihrem freundlichen Helfer bauen Sie ein niedriges Kreuz von ca. 60 cm Höhe auf dem Hufschlag. Anschließend gehen Sie 18–21 Schritte (6–7 Galoppsprünge) und bauen einen 60 cm hohen Steilsprung.

Von der Kombination entfernt reiten Sie im Leichttraben an. Nachdem Sie Rhythmus, Gleichgewicht und Impuls hergestellt haben, reiten Sie die beiden Hindernisse an.

Ca. 10 m vor dem Kreuz sitzen Sie aus, verlagern Ihr Gewicht in die Absätze und gehen in den Vorwärtssitz. Dann traben Sie über das erste Element und lassen das Pferd selbstständig über das zweite Hindernis springen.

Der Zweck des Kreuzes ist es, Ihr Pferd zum Angaloppieren zu veranlassen. Die vorgegebene Distanz wird das Pferd dazu bringen, den Steilsprung von einem bequemen Absprungpunkt zu springen. Zwischen den Hindernissen bleiben Sie im Vorwärtssitz und konzentrieren sich auf die Mitte der oberen Stange.

Sitz: Gesäß aus dem Sattel, direkt über ihren Füßen. Der Oberkörper ist in einer passiven Haltung leicht nach vorne gebeugt.

Beine: Gleichzeitig treibend am Gurt, um den Impuls zu erhalten, anschließend vom Absprung bis nach der Landung fest am Pferdekörper.

Hände: In leichter Verbindung zum Pferdemaul, um das Gleichgewicht zu erhalten, und anschließend nachgebend, um dem Pferd einen freien Sprung zu ermöglichen.

Versuchen Sie nicht, das Geschehen mit Ihrem Oberkörper zu beeinflussen, sondern folgen Sie der Bewegung in passivem Sitz und spüren Sie die Unbeweglichkeit, wenn das Pferd springt.

Nach einigen Versuchen erhöhen Sie langsam den Steilsprung jeweils um 10 cm, bis er eine Höhe von 1,05 m erreicht hat.

Lassen Sie das Pferd nach dem Landen drei bis vier Sprünge auf einer geraden Linie galoppieren, bis Sie es zum Halten durchparieren (dabei benützen Sie ausschließlich Ihre natürlichen Hilfen). Bei dieser Gelegenheit sollten Sie nicht die Einzäunung Ihres Reitplatzes verwenden, um das Pferd anzuhalten. Das ist manchmal die einfache Methode des Lehrers, um zum Ziel zu kommen, und Sie lernen nichts dabei. Außerdem könnte Ihr Pferd eines Tages in einer spontanen, eigenartigen Laune, auch über diesen Zaun springen ... Sobald Sie diesen Steilsprung mit Leichtigkeit springen, wird es Zeit, ihn in einen niedrigen Oxer von 60 cm Höhe umzubauen.

Um ein ähnliches Gefühl zu bekommen, wenn Sie über diesen Oxer springen, müssen Sie beim Aufbauen sichergehen, daß sich die Mitte des Oxers an der Stelle des Steilsprunges befindet (Abb. 20, S. 30). Verbreitern Sie nach einigen Durchgängen den Oxer bis auf 90 cm und erhöhen Sie die hintere Stange bis auf 70 cm. Erhöhen Sie die zwei Stangen fortlaufend weiter, während Sie üben, bis die hintere Stange 1,05 m erreicht und die vordere 1,00 m.

Abb. 44

Wenn Sie sich bei dieser Gymnastik absolut wohlfühlen, bauen Sie einen Carrée-Oxer mit 1,05 m Höhe und Breite. Mit der Übung und mit der Zeit sollten Sie in der Lage sein, diese Trabkombination im Vorwärtssitz ohne Zügel zu reiten und später ohne Steigbügel (Abb. 44).

DIESE ÜBUNG WILL

- Sie mit dem Absprungpunkt vertraut machen, ohne daß Sie versuchen, die Galoppsprünge anzupassen;
- Ihnen erkennen helfen, wie sich eine bequeme Distanz anfühlt;
- Ihnen helfen, den Unterschied im Anreiten eines Oxers und eines Steilsprungs zu erkennen;
- Sie lehren, Ihre natürlichen Hilfen zu koordinieren;
- Ihr Gleichgewicht verbessern;
- Ihr Selbstvertrauen aufbauen.

HILFREICHE VORSCHLÄGE

Wenn Sie verspannt sind, hilft es Ihnen, einige Male *langsam* und *tief durchzuatmen.* Atmen Sie durch die Nase ein und durch den Mund aus. Ihre Entspanntheit ist sehr wichtig, denn dieses Gefühl überträgt sich auf Ihr Pferd. Bleiben Sie hinter der Bewegung, entwickeln Sie ihren Reflex, die Beine anzuspannen, geschmeidig mit den Händen zu sein und das Gesäß höher aus dem Sattel zu bringen, um das Gleichgewicht wieder zu erlangen, anstatt im Maul des Pferdes zu ziehen.

Teil 5
Lernen, vom Vorwärtssitz in einen Halbsitz zu wechseln

Fügen Sie zur »In-Out-Kombination« ein drittes Element hinzu. Dabei gehen Sie fünf Galoppsprünge (21,60 m) und bauen einen 90 cm hohen Steilsprung.
Von der Kombination entfernt reiten Sie im Leichttraben an. Nachdem Sie Gleichgewicht, Rhythmus und Impuls eingestellt haben, reiten Sie auf die drei Hindernisse zu. Ungefähr 7,50 m vor dem Kreuz sitzen Sie aus, verlagern Ihr Gewicht in die Absätze und gehen in den Vorwärtssitz. Dann traben Sie über den ersten Sprung und lassen das Pferd frei über das zweite Hindernis springen. Anschließend unterstützen Sie das Pferd mit Ihren Schenkeln und den Händen, um den neuen Steilsprung anzureiten.
Lassen Sie Ihr Pferd nach dem dritten Hindernis noch drei bis vier Galoppsprünge weiter kantern, bevor Sie zum Halten durchparieren. Zwischen dem

zweiten und dem dritten Hindernis sind Ihre natürlichen Hilfen:
Sitz: Dichter am Sattel, der Oberkörper richtet sich etwas auf, ist aber immer bereit, für das dritte Hindernis nach vorne zu gehen.
Beine: Gleichmäßig treibend, um den Impuls zu erhalten.
Hände: In weicher Verbindung zum Pferdemaul, um dessen Gleichgewicht zu erhalten.
Wenn Sie sich verloren oder »blind« fühlen, weil Sie den Absprungpunkt vor dem dritten Hindernis nicht sehen, machen Sie sich keine Gedanken. Der Abstand zwischen den Hindernissen ist vorgegeben und wenn Sie dieselbe Geschwindigkeit beibehalten, wird Ihr Pferd einen bequemen Absprungpunkt treffen.
Zeit und Übung werden Ihr Gefühl und Ihre Begabung, die Distanz zu sehen, verbessern.
Sobald Sie sich bei dieser Distanz wohlfühlen, können Sie diese verändern und anfangen, aktiver zu reiten. Verlängern Sie langsam die Distanz um einige Meter bis zu 22,50 m, lernen Sie, den Galoppsprung des Pferdes zu verlängern, um den weiter entfernten Absprungpunkt zu treffen:
Sitz: Leicht, aber dicht am Sattel.
Beine: Am Gurt, stärker, aber nicht schneller treibend, um die Galoppsprünge zu verlängern, ohne das Pferd zu übereilen.
Hände: Gleichseitig nachgebend, um die Bewegungsfähigkeit zu erlauben.
Verkürzen Sie stetig den Abstand von 21 Meter um einige Zentimeter, dabei lernen Sie den Galoppsprung zu verkürzen, um einen näheren Absprungpunkt zu finden:

Abb. 45

Sitz: In leichter Verbindung zum Sattel.
Beine: Gleichmäßig treibend und nachgebend am Gurt, um das Unterspringen zu erhalten.
Hände: Gleichmäßig annehmend, um die Sprünge zu verkürzen. Eine unauffällige halbe Parade könnte vielleicht nötig sein (siehe S. 106).
Wenn Sie möchten, können Sie auch das letzte Hindernis zu einem Oxer ausbauen und diesen langsam verbreitern und erhöhen.

DIESE REIHE VON 3 HINDERNISSEN LEHRT SIE:

- leicht vom Vorwärtssitz in den Halbsitz zu wechseln;

- Ihr Gefühl für Galoppsprünge und Geschwindigkeit zu trainieren;
- aktiv mit Ihren Beinen zu sein, um die Galoppsprünge zu verlängern;
- mit den Händen anzunehmen, um die Galoppsprünge zu verkürzen;
- Ihr Gleichgewicht zu verbessern und Ihr Selbstvertrauen zu vergrößern.

NÜTZLICHE VORSCHLÄGE

Verändern Sie plötzlich während des Anreitens Ihre Körperposition, stören Sie das Gleichgewicht des Pferdes.

Steigen Sie bei Gelegenheit auf die Waage und überprüfen Sie Ihr Gewicht.

Setzen Sie sich vom Stehen einmal schnell auf ihre Fersen und beobachten Sie, während Sie in die Hocke gehen, wie sich das Gewicht auf der Waage um 10 - 20 Pfund verringert.

Tun Sie anschließend das Gegenteil und richten Sie sich von der Hocke schnell wieder auf, dabei bemerken Sie, daß Ihr Gewicht um 10 - 20 Pfund zunimmt.

Sie können also leicht daraus schließen, daß Ihr Gewicht zu- oder abnimmt, wenn Sie sich schnell auf- und abbewegen.

Stellen Sie sich nun einen Moment vor, was Ihr Pferd, das im Gleichgewicht bereit zum Sprung ist, fühlt, wenn Sie plötzlich Ihre Haltung verändern. Berührt Ihr Pferd über dem Hindernis mit den Vorderbeinen die Stange, kommt es sehr oft daher, daß Sie Ihre Hände zu viel auf seinem Hals aufstützen.

Berührt das Pferd die Stange mit seinen Hinterbeinen, kommt es oft daher, daß der Reiter mit seinem Sitz hinter der Bewegung bleibt.

Teil 6
Sie lernen, vom Vorwärtssitz zum Aussitzen zu wechseln

Verändern Sie nun das dritte Hindernis und bauen Sie es auf der Mittellinie, parallel zur Einzäunung Ihres Reitplatzes auf.

Die Linie vom zweiten zum dritten Hindernis hat die Form eines weich geschwungenen Bogens und ist ca. 25,00 m lang (sieben Galoppsprünge bei einem 90°-Winkel (Abb. 46).

Von der Reihe entfernt traben Sie im Leichttraben an. Nachdem Sie Gleichgewicht, Rhythmus und Impuls hergestellt haben, führen Sie Ihr Pferd auf das Kreuz zu.

Ca. 6,00 m vor dem Absprung sitzen Sie aus, verlagern Ihr Gewicht in die Fersen und gehen in den Vorwärtssitz. Anschließend traben Sie über den ersten Sprung und lassen Ihr Pferd frei über das nächste Hindernis springen. Während Sie vor dem zweiten Hindernis abspringen, drehen Sie Ihren Kopf und konzentrieren sich auf das dritte Hindernis, um einen bequemen Absprungpunkt zu suchen.

In der Landung richten Sie Ihren Oberkörper augenblicklich weich wieder auf, als würden Sie dressurmäßig arbeiten und leiten dabei gleichzeitig Ihre Wendung in Richtung des dritten Sprunges (Abb. 47) folgendermaßen ein (diese Wendung ist nach rechts, wäre aber umgekehrt nach der linken Seite):

Sitz: Oberkörper aufrecht, aber leicht im Sattel, um dem Pferd zu helfen, wieder ins Gleichgewicht zu kommen.

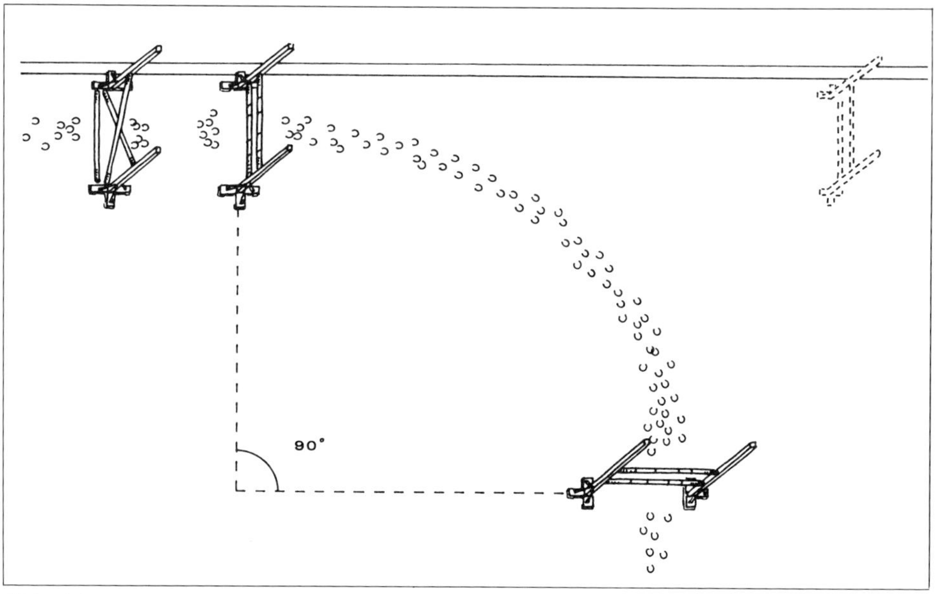

Abb. 46

Abb. 47 ▷

Beine: Der rechte Schenkel liegt treibend am Gurt, um die Vorwärtsbewegung zu erhalten; der linke verwahrend hinter dem Gurt, um ein Wegdriften der Hinterhand nach links zu verhindern.
Hände: Zuerst annehmend, danach geben der rechte führende Zügel (siehe S. 110, Zügelhilfen I) und der linke Zügel nach, um die Aktion des rechten Zügels zu ermöglichen und zu regulieren.
Sobald Sie durch die Wendung geritten sind, bereiten Sie Ihren Sitz auf den dritten Sprung vor. Vergessen Sie nicht, Ihr Pferd nach dem letzten Sprung zum Halten durchzuparieren.

DIESE ÜBUNG AUF EINER GEBOGENEN LINIE LEHRT SIE:

- Ihr Gewicht augenblicklich weich vom Vorwärtssitz ins Aussitzen zu verlagern und wieder zurück in den Vorwärtssitz zu bringen;

- aufmerksam zu schauen und einem Muster zu folgen;
- Eine schnelle Entscheidung zu treffen, wenn Sie einen Absprungpunkt sehen;
- Ihre Beine und Hände zu koordinieren, um das Pferd wieder ins Gleichgewicht zu bringen und eine Wendung auszuführen;
- Ihr Selbstvertrauen zu entwickeln.

NÜTZLICHE VORSCHLÄGE

Sehen Sie in der Wendung vor dem nächsten Hindernis einen weit entfernten Absprungpunkt, reiten Sie nicht zu, sondern warten Sie einen Galoppsprung mehr auf einen passenden (dichteren) Absprungpunkt. Haben Sie das Gefühl, Ihr Absprungpunkt ist nur ein wenig zu weit entfernt, können Sie die Wendung enger reiten, um einen besseren Absprungpunkt zu sehen. Sollten Sie sehr groß kommen, reiten Sie die Wendung größer und fügen einen weiteren Galoppsprung hinzu (Abb. 48A).

Glauben Sie, daß Ihr Absprungpunkt ein wenig zu dicht ist, können Sie die Wendung vergrößern, um einen besseren Absprung zu finden. Ist Ihr Absprungpunkt aber viel zu dicht, reiten Sie mit einem Galoppsprung weniger einfach eine engere Kurve (Abb. 48B).

Abb. 48

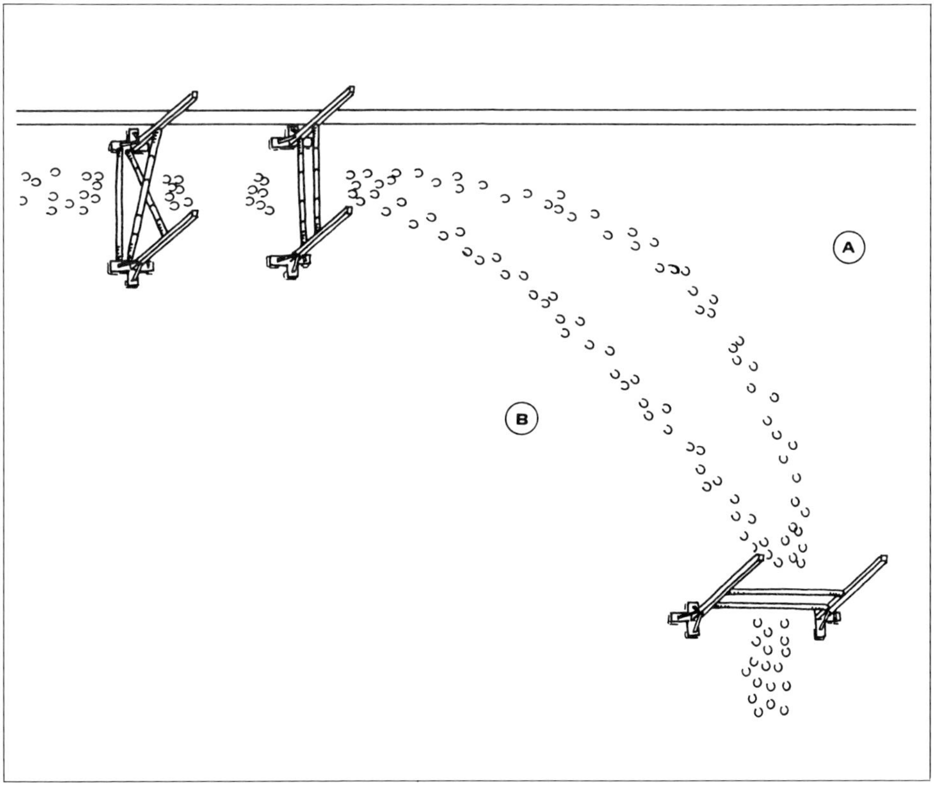

Teil 7
Sie lernen, einen Einzelsprung aus dem Galopp anzureiten

Nun ist es Zeit, das Kreuz aus der Kombination zu entfernen, so daß der Steilsprung allein auf dem Hufschlag steht.

Vom Hindernis entfernt galoppieren Sie auf dem Zirkel an und stellen sofort Gleichgewicht, Rhythmus und Impuls her. Dann verlassen Sie den Zirkel und reiten das Hindernis an. Beim Anreiten eines Steilsprungs sehen Sie nach einem normalen Absprungpunkt, konzentrieren sich auf die oberste Stange und reiten folgendermaßen:

Sitz: In leichter Verbindung zum Sattel, der Oberkörper ist leicht nach vorne gebeugt.

Beine: Treibend am Gurt, um den Impuls und das Unterspringen zu erhalten.

Hände: In weicher Verbindung mit dem Pferdemaul, bereit zu reagieren, wenn sich das Gleichgewicht des Pferdes ändert.

Beim Anreiten eines Oxers bemühen Sie sich um einen dichteren Absprungpunkt; danach sehen Sie auf die hinterste, oberste Stange und reiten folgendermaßen:

Sitz: In leichter Verbindung mit dem Sattel, der Oberkörper ist leicht nach vorne gedehnt.

Beine: Gleichmäßig treibend am Gurt, um den Impuls und das Unterspringen zu erhalten.

Hände: In sehr leichter Verbindung zum Pferdemaul, um dem Pferd zu ermöglichen, sich zu strecken und näher an die Grundlinie des Sprunges zu kommen.

Man sagt, ein Hindernis ist richtig gesprungen worden, wenn der Abstand des Absprungs genauso lang ist wie der Abstand der Landephase (Abb. 49). Die meisten Probleme beim Springen resultieren entweder im Gleichgewicht des Reiters oder des Pferdes.

Reiten Sie ein Hindernis mittelmäßig an, unterbrechen Sie ihr Anreiten, reiten Sie einen Zirkel um sicher zu gehen, daß Ihr eigenes Gleichgewicht korrekt ist, und bringen dann das Pferd an die Hilfen (»vor den Schenkel«), um die Geschwindigkeit und das Gleichgewicht vor dem erneuten Anreiten wiederherzustellen.

(»Hinter dem Schenkel« bedeutet, daß das Pferd zögert, auf die Hilfen der Beine anzusprechen.)

Abb. 49

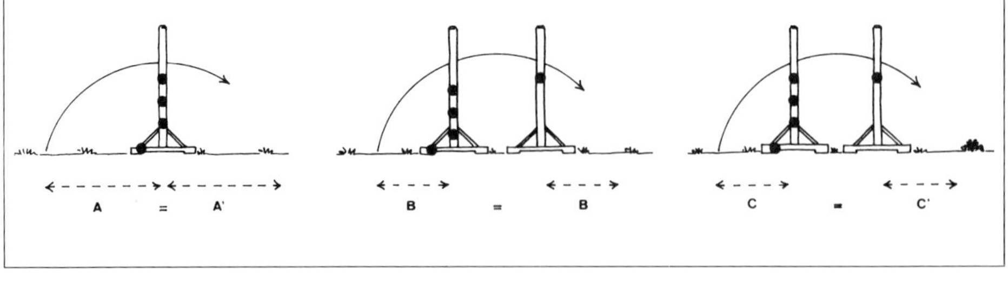

Beim Anreiten eines Hindernisses, zielen Sie immer auf die Mitte, nachdem Sie Ihren Absprungpunkt gefunden haben, und fokussieren dann die oberste Stange (bei Oxern ist es die hintere Stange). Fokussieren Sie die Grundlinie des Sprunges, könnte dies das Pferd veranlassen, zu nah an das Hindernis zu kommen und zu dicht abzuspringen. Um ein Hindernis anzureiten, zu springen und danach zu wenden, benutzen Sie dieselbe Technik wie in Teil 6, oben, beschrieben. Vergessen Sie auf keinen Fall, nach jedem Sprung Ihr Pferd wieder ins Gleichgewicht zu bringen.

DIESE ÜBUNG MIT EINEM EINZELSPRUNG SOLL

- Sie lehren, sich auf Gleichgewicht, Rhythmus und Impuls zu konzentrieren;
- Sie lehren, abzuwarten und den Absprungpunkt zu suchen;
- Ihr eigenes Gleichgewicht und den Sitz perfektionieren;
- Sie vorbereiten, einen Parcours zu springen.

NÜTZLICHE VORSCHLÄGE

Sie müssen abschätzen, wie weit Sie vom Absprungpunkt entfernt sind, um den Galoppsprung zu korrigieren. Machen Sie sich keine Gedanken, wenn Sie die Distanz nicht sehen. Zeit und Übung wird Ihre Beobachtungsgabe entwickeln und verbessern. Konzentrieren Sie sich in der Zwischenzeit auf Ihren Sitz, das Gleichgewicht des Pferdes, den Rhythmus und den Impuls. Wenn Sie eine Distanz erkennen, warten Sie lieber einen weiteren Galoppsprung und bestätigen Sie sich, was Sie erkannt hatten, bevor Sie eine Veränderung vornehmen. Sehen Sie einen weiteren Absprungpunkt, vermeiden Sie vorwärts zu reiten, sondern halten Sie sich unter Kontrolle und warten Sie auf eine ruhigere Distanz. Sehen Sie eine Distanz, ohne sicher zu sein, ob Sie die Galoppsprünge verlängern oder verkürzen sollen, *tun Sie nichts von beiden,* sondern erhalten Gleichgewicht, Rhythmus und Impuls.

Teil 8
Sie lernen, eine »In-Out«-Kombination anzureiten

Mit Ihrem freundlichen Helfer bauen Sie zwei Steilsprünge, ca. 90 cm hoch, auf den Hufschlag. Der Abstand zwischen den beiden Sprüngen beträgt 7–8 Schritte (6,40 m bis 7,00 m). Von der Kombination entfernt galoppieren Sie an und stellen Gleichgewicht, Rhythmus und Impuls her. Dann verlassen Sie den Zirkel und reiten in Richtung des »In-Out«. Um den ersten Sprung anzureiten, suchen Sie einen normalen Absprungpunkt; dann fokussieren Sie die oberste Stange des zweiten Hindernisses und reiten folgendermaßen:

Sitz: In leichter Verbindung zum Sattel, der Oberkörper ist leicht nach vorne gebeugt.

Beine: Treibend am Gurt, um den Impuls und das Unterspringen beizubehalten.

Hände: In weicher Verbindung zum Pferdemaul und bereit, anzunehmen, wenn sich das Pferd zuviel auf das Gebiß legt.

Eine »In-Out«-Kombination zu springen, bereitet keine größeren Komplikationen. Die einzige Schwierigkeit besteht darin, den richtigen Absprungpunkt zu finden. Treffen Sie diesen, werden Sie einen sehr angenehmen Ritt haben. Irren Sie sich aber, haben Sie einen zu großen oder zu dichten Absprungpunkt und müssen es passend machen.

Kommen Sie zu groß:

Während Sie das erste Hindernis springen, stellen Sie Verbindung zum Pferdemaul her und treiben, sobald Sie gelandet sind, stärker, aber nicht schneller mit Ihren Schenkeln, um das zweite Hindernis ebenfalls auf groß zu reiten.

Kommen Sie zu dicht:

Sobald Sie nach dem ersten Sprung gelandet sind, nehmen Ihre Hände an, um dem Pferd nicht zu erlauben, die Galoppsprünge zu verlängern, dann geben Sie mit den Zügeln nach, um in der Lage zu sein, das zweite Hindernis ebenfalls von einem nahen Absprungpunkt zu springen. Um eine Steil-Oxer-»In-Out«-Kombination zu springen, sollten Sie beim Anreiten des ersten Elements nach einem Absprungpunkt suchen, um in der Kombination vorwärtsreiten zu können. Springen Sie eine Oxer-Steil-»In-Out«-Kombination sollten Sie versuchen, einen dichten Absprungpunkt zu treffen, und dann das Tempo in der Kombination ruhig halten (Abb. 50).

DIESE ÜBUNG WILL

- Ihr Auge verbessern, damit Sie die Absprungpunkte besser sehen;
- Ihnen helfen, analog zu dem, was Sie sehen, zu reiten;
- es Ihnen ermöglichen, effektiv mit Ihren Händen und Beinen einzuwirken;
- Ihr Gleichgewicht vervollkommnen.

Abb. 50

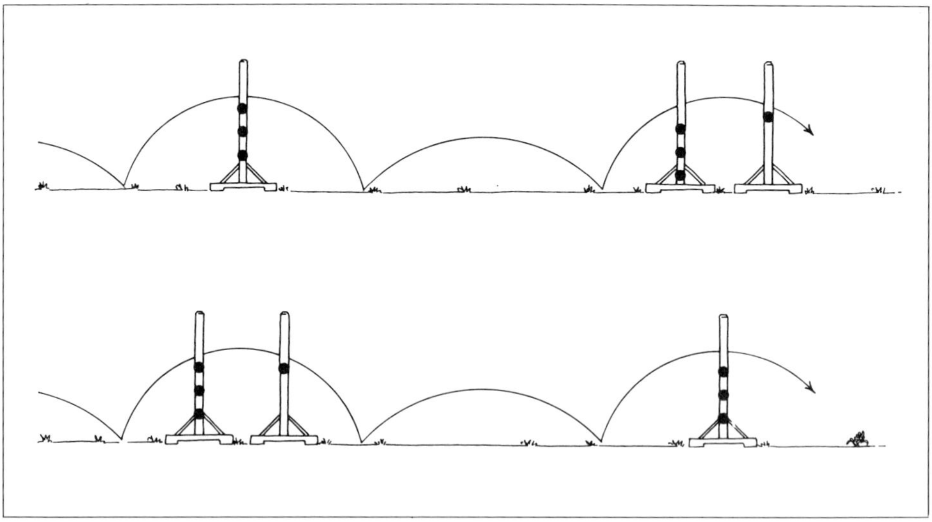

NÜTZLICHE VORSCHLÄGE
Wenn Sie einen Parcours reiten und wissen, daß die Distanz zwischen zwei Hindernissen weit ist, werden Sie den ersten Sprung weich mit einem langen Galoppsprung anreiten und nach der Landung diesen verlängern. Wissen Sie aber, daß die Distanz eng ist, müssen Sie den ersten Sprung mit einem verkürzten Galoppsprung anreiten und zwischen den Hindernissen ebenfalls verkürzen.

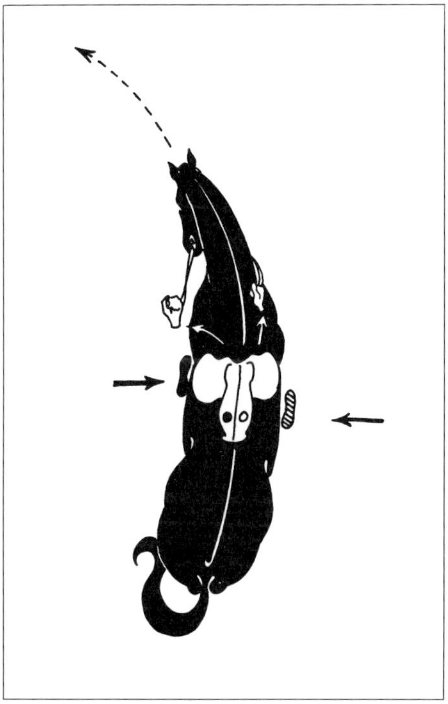

Abb. 51

Teil 9

Lernen, vor, über und nach dem Hindernis zu wenden

Sie brauchen ein 1,05 m hohes Hindernis in der Mitte Ihres Reitplatzes. In einiger Entfernung vom Sprung galoppieren Sie an und stellen Gleichgewicht, Rhythmus und Impuls her. Dann erweitern Sie den Zirkel, um auf die gebogene Linie, die zum Hindernis führt, zu kommen. Während des Anreitens schauen Sie nach ihrem Absprungpunkt und reiten folgendermaßen (Abb. 51):
Sitz: In leichtem Kontakt zum Sattel, mehr Gewicht auf dem inneren Gesäßknochen.
Beine: Der innere Schenkel treibt am Gurt, um den Impuls zu steigern und zu erhalten; der äußere Schenkel bleibt verwahrend hinter dem Gurt, um zu verhindern, daß die Hinterhand des Pferdes aus dem Zirkel schleudert.
Hände: Die innere Hand wirkt wie ein Führzügel (siehe S. 110, Zügelhilfen I);

Abb. 52

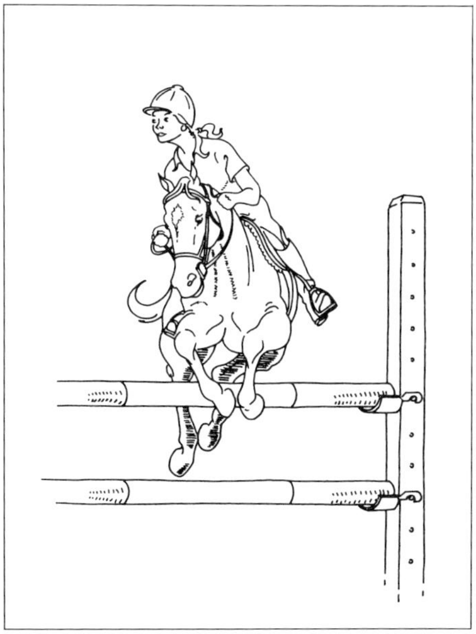

die äußere Hand gibt nach, um die Aktionen des inneren Zügels zu ermöglichen, ist aber immer handlungsbereit, entweder um das Pferd am äußeren Zügel zu halten (siehe S. 110, Zügelhilfen III) oder um das Gleichgewicht durch Annehmen zu regulieren. Achten Sie die ganze Zeit darauf, daß Ihr Pferd »gerade« (die zwei lateralen »Fußpaare« sind parallel) unterspringt und im Gleichgewicht bleibt. Über dem Sprung schauen Sie, wo Sie hinreiten, und gehen folgendermaßen vor (Abb. 52):

Sitz: Aus dem Sattel, direkt über Ihren Füßen mit mehr Gewicht auf dem inneren Steigbügel.

Beine: Der innere Schenkel treibt hinter dem Gurt, um die Hinterhand des Pferdes nach außen zu schieben, der äußere Schenkel bleibt passiv, um das Treiben des inneren Schenkels zu ermöglichen. (Diese speziellen Schenkelhilfen benutzt man, um die Wendung auszuführen.)

Hände: Die innere Hand wirkt wie ein Führzügel (siehe S. 110, Zügelhilfen I), die äußere Hand bleibt passiv, um das Wirken der inneren Hand zu erlauben.

Unmittelbar nach der Landung richten Sie ihren Oberkörper geschmeidig wieder auf und gehen mit dem Gesäß zum Sattel.

Während Sie das Gleichgewicht des Pferdes wiederherstellen, achten Sie ständig darauf, wo Sie hinreiten und benutzen dieselben Hilfen, um die Wendung zu vollenden.

DIESE ÜBUNG LEHRT SIE:

- das Hindernis so anzureiten, daß Sie einen nahen oder weiten Absprungpunkt treffen;
- Ihr Pferd gerade und im Gleichgewicht zu halten;
- aufzupassen, wo Sie hinreiten und einem Muster zu folgen;
- Ihre Hilfen besser zu koordinieren;
- Zeit zu sparen, wenn Sie einen Parcours reiten.

NÜTZLICHE VORSCHLÄGE

Wenn Sie Wendungen üben, sollten Sie den Radius der Zirkel immer verändern, um jedesmal eine andere Herausforderung zu schaffen. Außerdem wäre es klug, mit derselben Technik Wendungen zu üben, während Sie Oxer oder Kombinationen springen.

Neigt Ihr Pferd dazu, die Wendungen zu schneiden, verhindern Sie dies durch verstärktes Treiben mit dem Bein und einem festen inneren direkten Zügel (siehe S. 110, Zügelhilfen III).

Um diesen üblichen Fehler zu verhindern, verkleinern oder vergrößern Sie die Zirkel während der normalen Arbeit und benützen dabei Ihre inneren und äußeren lateralen Hilfen.

Stellen Sie sich zuerst im Schritt, dann im Trab und Galopp auf einen Zirkel mit ca. 4,50 m Durchmesser ein. Um den Zirkel zu vergrößern, biegen Sie die Wirbelsäule des Pferdes immer *parallel* zur ursprünglichen Zirkelform und reiten folgendermaßen:

Sitz: Mehr Gewicht auf Ihrem inneren Gesäßknochen.

Beine: Der innere Schenkel treibt hinter dem Gurt, um die Hinterhand nach außen zu schieben; der äußere Schenkel treibt am Gurt, um den Impuls und das Unterspringen zu schaffen und beizubehalten.

Hände: Die innere Hand wirkt mit einem indirekten Zügel ein (siehe S. 110,

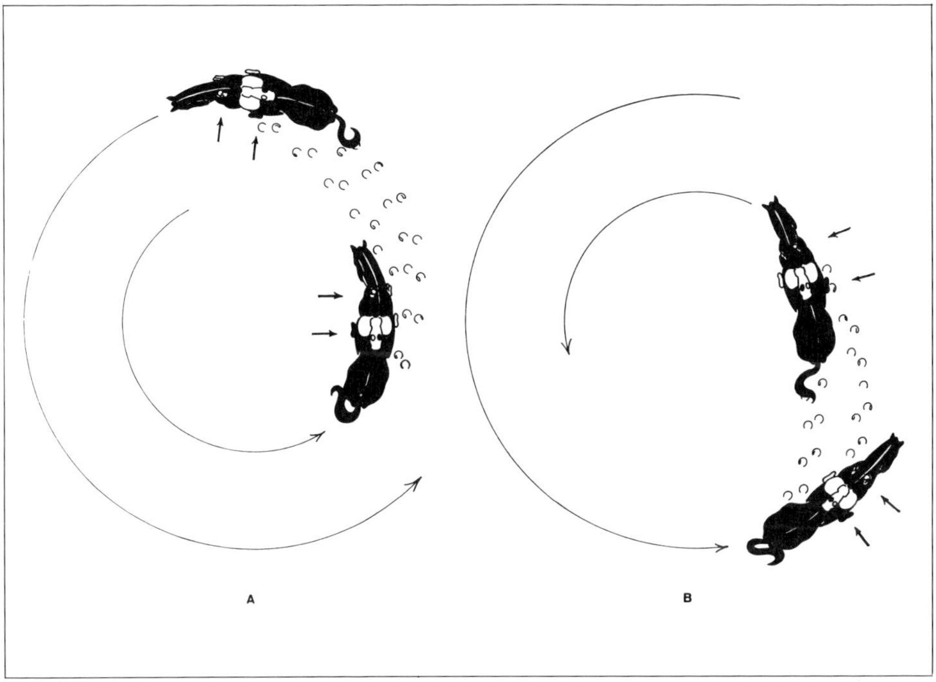

Abb. 53

Zügelhilfen III), um die Vorderhand nach außen zu drücken. Die äußere Hand gibt nach und reguliert die Handlung der inneren Hand (Abb. 53A).
Um den Zirkel zu verkleinern, wirken Sie mit Ihren Hilfen genau entgegengesetzt ein, d. h. mehr Gewicht auf dem inneren Gesäßknochen, der äußere Schenkel hinter dem Gurt, mit einem indirekten Zügel (Abb. 53B).
Sie werden zuerst feststellen, daß es leichter ist, den Zirkel zu vergrößern als zu verkleinern. In diesem Bewußtsein konzentrieren Sie sich darauf, den Zirkel am Anfang auf beiden Händen zu vergrößern. Nachdem Sie dies zwei bis drei Tage geübt haben, machen Sie es umgekehrt und Sie werden feststellen, daß es nun wesentlich einfacher ist, den Zirkel zu verkleinern.

Schnelle Wechsel von einem großen Zirkel in einen kleinen und umgekehrt verbessern das Gleichgewicht und die Reaktion des Pferdes auf Ihre Hilfen (Abb. 53).

Teil 10
Lernen, einen Parcours zu reiten

Ein Parcours ist einfach eine Folge von Hindernissen, die nach einem Muster von geraden Linien und Kurven aufgebaut ist. Die grundlegenden Regeln bleiben beinahe gleich, egal ob Sie vorhaben, in Jagdpferdeprüfungen, Stilspringen oder Springpferdeprüfungen zu starten. Der Unterschied liegt im

Tempo, den Wegen, der Größe der Wendungen und in der Höhe der Hindernisse. An diesem Punkt dieser Folge haben Sie bereits Teile typischer Parcours geübt und damit einen Großteil der Grundlagen für das erfolgreiche Reiten in dem Stil, den Sie sich ausgesucht haben, erlernt.
Wenn Sie vorhaben, einen Parcours zu reiten, müssen Sie sich auf zwei wichtige Punkte konzentrieren: den Parcours zu lernen und im Gedächtnis zu behalten und die Aufwärmphase nicht zu vergessen.

DAS LERNEN DES PARCOURS

Ihre Aufgabe, bevor Sie bei einem Turnier auf Ihr Pferd steigen, ist es, die Parcoursskizze zu studieren und die Reihenfolge der Hindernisse im Gedächtnis zu behalten. Egal, ob es Ihnen erlaubt ist, den Parcours abzugehen oder nicht, Sie müssen sich auf jeden Fall die Hindernisse genau ansehen. Sie sollten die Hindernisse aus allen möglichen Blickwinkeln rund um den Springplatz betrachten und von der obersten Tribüne, wenn es eine gibt (Abb. 54). Eine Linie oder eine Wendung kann auf einer Seite ganz anders aussehen, als auf der anderen, und Sie müssen sich dieser Tatsache bewußt sein, bevor Sie in den Parcours einreiten. Während Sie die »Route«, der sie folgen wollen, beobachten, planen und wiederholen Sie in Ihren Gedanken die aufeinanderfolgenden Entscheidungen, die Sie treffen müssen, um den Parcours erfolgreich zu beenden. Damit Sie den Aufbau des Parcours und Ihre eigene Strategie besser im Gedächtnis behalten, wäre es gut, in der Nähe einen Dressurplatz zu suchen. Stellen Sie sich dabei vor, der Parcours wäre dort aufgebaut und traben Sie dort die Wege, denen Sie später folgen müssen. Stellen Sie sich dabei vor, Sie würden wirklich über den richtigen Parcours galoppieren, und konzentrieren sich auf jedes einzelne Hindernis, auf jede Linie, jede Wendung und jede Entscheidung.

DAS AUFWÄRMEN

Wenn Sie ein erfahrener Reiter sind oder auf dem Weg, einer zu werden, müssen Sie wissen, daß es ratsam ist, vor dem Aufsteigen Ihre Glieder zu strecken, um Ihre eigene physische Steifheit auszuschalten. Nehmen Sie sich etwas Zeit und machen Sie in einer Ecke Übungen wie z. B. das Berühren Ihrer Zehen, ohne die Knie zu beugen, das Hochziehen der Knie bis in Brusthöhe oder das Sitzen auf Ihren Fersen etc. Diese Übungen nenne ich *leichtes* Aerobic (Abb. 55).

Abb. 54

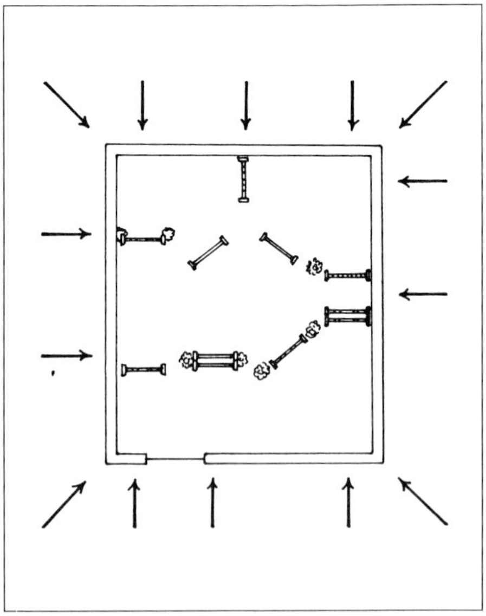

Abb. 55

Sobald Ihre Muskeln gelockert und gedehnt sind, ist es Zeit, aufzusteigen und an den Pferdekörper zu denken.
Reiten Sie einige Minuten Schritt und beobachten Sie die Laune des Pferdes. Das sagt Ihnen, wie Sie anfangen müssen – normalerweise aber werden Sie zuerst 5–10 Min. traben – vergessen Sie nicht, zuerst auf der einen und dann auf der anderen Hand zu galoppieren. Hat Ihr Pferd bereits etwas Ahnung von der lateralen Arbeit, meistens als Dressur

Abb. 56

bezeichnet, bauen Sie diese Arbeit ins Aufwärmen mit ein.
Zögern Sie nicht, all das zu tun, was Ihr Pferd braucht, um locker zu werden, konzentrieren Sie sich dabei besonders auf seine feste Seite. Vergessen Sie nicht, die Übergänge, das Halten, das Rückwärtsrichten und das Verlängern und Verkürzen der Galoppsprünge zu üben. Diese Übungen nenne ich nun »Equirobic« (Abb. 56).
Machen Sie das Pferd über einige kleine Kreuzsprünge aufmerksam, bevor Sie Steilsprünge und Oxer springen, dabei beginnen Sie mit Trabsprüngen, um die Sehnen der Pferdebeine zu schonen. Springen Sie nicht zuviel, um die Energie des Pferdes zu sparen. Nichtsdestotrotz sollten Sie versuchen, über fünf bis zehn Hindernisse und ein bis zwei Kombinationen oder Reihen zu reiten. Bevor Sie an der Reihe sind, in den Parcours einzureiten, stellen Sie sich in die Nähe des Eingangs und beobachten mehrere Reiter im Parcours; dabei gehen Sie ein letztes Mal in Gedanken Ihren Plan durch. Betreten Sie den Parcours mit einer positiven Einstellung und reiten schnell mit einem energischen Trab zu dem Zirkel, wo sie starten. Parieren Sie Ihr Pferd zu einem

langsamen Trab und sogar Schritt durch und galoppieren Sie sofort an; die unmittelbare Reaktion des Pferdes wird Ihnen zeigen, ob seine Aufmerksamkeit bei Ihnen ist oder nicht.

Dann festigen Sie Geschwindigkeit, Impuls und Gleichgewicht. Wenn Sie den Zirkel verlassen, sehen Sie nach dem ersten Absprungpunkt und konzentrieren sich auf die Mitte der obersten Stange.

Atmen Sie ruhig während des ganzen Parcours und führen Sie dabei Ihre Strategie Schritt für Schritt durch, Ihrem Plan und Ihrem Wissen entsprechend. Erinnern Sie sich, daß es am Wichtigsten ist, in jeder Situation Ihr eigenes und das Gleichgewicht des Pferdes zu erhalten.

Dabei reiten Sie folgendermaßen:

IN DER ARBEIT ZWISCHEN DEN SPRÜNGEN

Sitz: In leichter Verbindung zum Sattel, senkrecht über Ihren Füßen; vergessen Sie nicht, wenn Sie Ihren Oberkörper nach vorne oder nach hinten beugen, vergrößert oder verringert das Pferd die Geschwindigkeit.

Beine: Treibend am Gurt, verhaltend oder nachgebend, um die Vorwärtsbewegung des Pferdes auszulösen und zu erhalten, zu beschleunigen, die Hinterhand zu aktivieren, vor allem um den Impuls zu erhalten. Das Treiben hinter dem Gurt mit einem Bein verhindert das Schleudern der Hinterhand.

Hände: Treiben, Verhalten oder mit den Zügeln nachgeben, um die Vorwärtsbewegung zu regulieren, das Gleichgewicht zu erhalten und zu wenden.

VOR DEM HINDERNIS

Sitz: In leichter Verbindung zum Sattel, Körper gut im Gleichgewicht oberhalb der Füße.

Beine: Sie treiben gleichseitig, um die Hinterhand zu aktivieren.

Hände: In weicher Verbindung mit dem Pferdemaul, um das Gleichgewicht zu erhalten.

ÜBER DEM HINDERNIS

Sitz: Gesäß aus dem Sattel direkt über Ihren Füßen.

Beine: Liegen fest an, um Stabilität und Impuls zu erhalten.

Hände: Geben nach, um dem Pferd zu ermöglichen, die Oberlinie zu strekken.

LANDUNG NACH DEM SPRUNG

Sitz: Gesäß kommt dichter an den Sattel, der Oberkörper wird dabei leicht aufgerichtet.

Beine: Treiben gemeinsam, um die Hinterhand wieder zu aktivieren.

Hände: Geben zuerst nach und nehmen dann an, um das Gleichgewicht des Pferdes wiederherzustellen.

IN DEN WENDUNGEN

Sitz: Mehr Gewicht auf dem inneren Steigbügel.

Beine: Das innere Bein ist am Gurt, um den Impuls zu erhalten. Das äußere Bein ist hinter dem Gurt, um ein Wegschleudern der Hinterhand zu verhindern.

Hände: Die innere Hand führt, um die zu reitende Richtung anzugeben; die äußere Hand gibt nach, um die Einwirkung der inneren Hand zu ermöglichen und zu regulieren.

Achten Sie darauf, daß das Pferd dem Weg des Parcours folgt. Wenn es wegschwimmt, geben Sie eine unauffällige Korrektur mit Ihrem indirekten Zügel (siehe S. 110) und dem dazugehörigen Bein, d. h. wenn es nach links driftet, benützen Sie Ihr linkes Bein mit Handeinwirkung und umgekehrt für das rechte Bein.

DAS SPRINGEN EINES PARCOURS

- testet Ihr reiterliches Können, Ihre Denkfähigkeit und Ihr Wissen;
- fördert Ihren ›Kampfgeist‹ (den Wunsch, etwas zu vollenden);
- wird Ihr Selbstvertrauen verstärken;
- macht Sie mit den Erwartungen eines Turniers vertraut;
- bringt Ihnen viel Spaß und Befriedigung.

NÜTZLICHE VORSCHLÄGE

Verlieren Sie irgendwann die Kontrolle über das Tempo, stellen Sie sich auf der Stelle vor: »es ist ja lediglich Dressurarbeit« und lösen Sie die Situation so ruhig, als würden Sie keinen Parcours reiten.

Reiten Sie alle Hindernisse einschließlich dem allerletzten Sprung, der allzu oft vernachlässigt wird.

In der Tat beginnt Ihr Parcours, wenn Sie in den Ring reiten und er endet, wenn Sie den Ring verlassen.

Benützen Sie alle Wendungen, um das Gleichgewicht und die Kontrolle über Ihr Pferd zu perfektionieren. Es ist am besten, Wendungen in der Dressurarbeit im korrekten Galopp zu reiten. Sind Sie oder das Pferd aber nicht in der Lage, fliegende Wechsel nach Bedarf zu reiten, konzentrieren Sie sich auf einen weichen Außengalopp, mit dem inneren Bein treibend hinter dem Gurt. Galoppiert Ihr Pferd im Kreuzgalopp (z. B. Linksgalopp mit der Vorhand und Rechtsgalopp mit der Hinterhand) reiten Sie es einfach mit vermehrtem Treiben des Beines nach vorne und geben Sie die Hilfen für den richtigen Galopp.

Stoßen Sie auf ein Problem, tun Sie so, als würde es weit hinter Ihnen liegen, und konzentrieren sich auf das, was vor Ihnen liegt, um weitere Fehler zu vermeiden. Sind Sie verspannt oder vielleicht nervös, atmen Sie ein paar Mal tief durch. Wie jeder andere, können Sie mentale Ängste haben. Die Zeit wird diese beseitigen, Sie aber müssen Ihre physischen Ängste ausschalten. Ihre persönliche Entspannung ist sehr, sehr wichtig, denn sie beeinflußt die Einstellung und den Gemütszustand des Pferdes ganz direkt.

Um zu lernen, die Geschwindigkeit zu verringern und um Ihre Fähigkeit, das Atmen zu kontrollieren während Sie einen Parcours reiten, ist es eine gute Idee, zu Hause viele Parcours zu reiten und dabei jeden einzelnen Galoppsprung *laut zu zählen.* Vermeiden Sie es, Ihre Finger an den Zügeln fest zuzumachen, denn Sie verkürzen unbewußt die Galoppsprünge und sehen als Resultat daraus nur dichte Absprungpunkte. Versuchen Sie statt dessen ständig, den Kontakt zu lockern, sobald Ihr Pferd im Gleichgewicht ist.

Um die Spanne Ihrer Aufmerksamkeit zu verlängern und Ihre schnellen Reflexe zu verbessern, ist es eine gute Übung, wenn Ihr freundlicher Helfer Ihnen zuruft, welches Hindernis sie als Überraschung springen sollen!

Die Erziehung des Pferdes

Bevor Sie anfangen mit Sprüngen zu trainieren, wäre es von Vorteil, Ihrem Pferd zuerst die grundlegende Dressurarbeit beizubringen.

Wieviel sollte Ihr Pferd können?

Viele Meinungen sind bereits zu diesem Thema geäußert worden, aber vorausgesetzt, Ihr Pferd ist mindestens drei Jahre alt und Sie gehen vorsichtig voran, können Sie sehr früh anfangen, mit Hindernissen zu üben.
Nichtsdestotrotz mein Rat: Um langwierige Mühen zu vermeiden, sollte Ihr Pferd genügend Dressur geübt haben, um ohne jedes Zögern auf Ihre Hand- und Schenkelhilfen reagieren zu können. Es wäre viel besser und vor allem sicherer, wenn das Pferd willig und gehorsam im Schritt, Trab, Galopp und in der Lage wäre, schnell von einer Gangart in die andere zu wechseln und dabei gleichzeitig den geforderten Rhythmus, das Gleichgewicht und ausreichenden Impuls beizubehalten.
Der Rest wird mit der Zeit verbessert oder erlernt, wenn Sie dabei bedenken, nicht jeden Tag zu springen, um Erschöpfung und Langeweile zu vermeiden.
Es wird genug Zeit sein, der Dressurarbeit nachzugehen und sie zu perfektionieren.
Um Ihre Ziele bei dieser einfachen Arbeit zu erreichen, sollten die verschiedenen Lektionen so lange wiederholt werden, bis das Pferd keine Abneigung mehr dagegen hat und immer gut gelaunt in gutem Gleichgewicht mitarbeitet.

Sie beginnen mit dem Springen

Springen ist für das Pferd sehr natürlich. Um aber allen seinen Fähigkeiten gerecht werden zu können, ist dabei die Freiheit seines Kopfes und Halses ein Muß.
Um dem Pferd die optimale Gelegenheit zu bieten, von Anfang an richtig zu lernen, ist es eine der erfolgreichsten Methoden, die Longe zu verwenden um in Halbfreiheit zu springen.
Hat das Pferd einmal verstanden, was man von ihm erwartet, und sobald es in der Lage ist, von selbst gut zu springen, wird es unter dem Sattel springen müssen um zu lernen, mit dem Gewicht des Reiters umzugehen.

Springen in Halbfreiheit über einen Einzelsprung an der Longe

Es ist verständlich, daß man sicher gehen muß, daß das Pferd Schritt, Trab und Galopp auf das leiseste Kommando ausführt, bevor Sie es auch nur das kleinste Hindernis springen lassen. Außerdem wäre es gut, wenn es anhalten, ruhig stehenbleiben und rückwärtsgehen könnte.

Bevor Sie anfangen, mit Ihrem freundlichen Helfer zu arbeiten, legen Sie eine Stange mit einem Ständer an jeder Seite auf den Hufschlag. Um die Lektionen auf beiden Seiten zu erleichtern, legen Sie zwei Stangen schräg auf den inneren Ständer, parallel zum Hufschlag (Abb. 57). Nun kann die Longe über den Ständer rutschen, ohne daran hängen zu bleiben, während das Pferd springt. Die folgende Lektion wird auf der linken Hand geübt. (Es ist das Gegenteil auf der rechten Hand.)

Befestigen Sie die Longe an einem Kappzaum, Halfter oder einfach am Gebiß, sollte das Pferd eine Trense tragen. Dann führen Sie es ruhig über die Stange am Boden, dabei halten Sie die Longe ca. 25 cm von seinem Kopf entfernt.

Ist das Pferd zuerst etwas zögerlich oder ängstlich, starren Sie es nicht an, bestehen aber darauf, daß es Ihnen folgt, indem Sie den Druck auf die Longe verstärken (Abb. 58).

- Gehen Sie mehrere Male vor und zurück über die Stange, bis das Pferd gleichgültig, aber gehorsam ist.
- Dann longieren Sie das Pferd auf der linken Hand, direkt vor der Stange, den Hufschlag berührend.
- Verschieben Sie langsam den Zirkel Richtung Stange, bis das Pferd darüber gehen muß.
- Sobald das Pferd die Übung kapiert hat und voller Vertrauen ist, lassen Sie es antraben.

Longieren Sie das Pferd einige Minuten auf die gleiche Weise, bis es sein gleichmäßiges Tempo im Trab beibehält,

Abb. 57

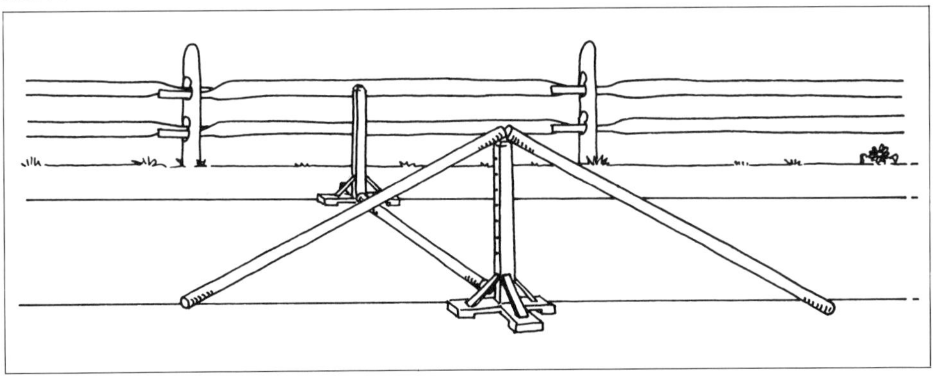

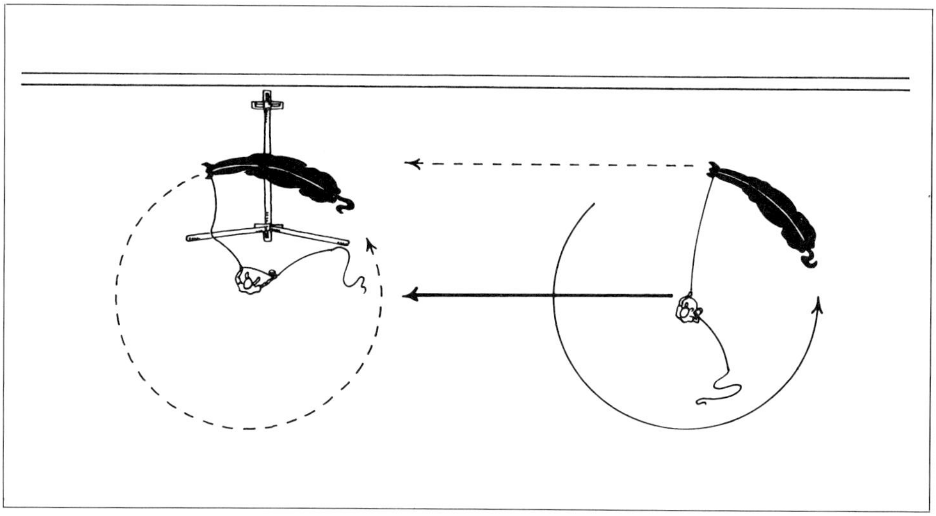

Abb. 58

ohne auf irgendeine Weise springen zu wollen. Ab diesem Punkt ist das weitere Vorgehen einfach: Longieren Sie das Pferd weiter im Trab und halten Sie es alle zwei bis drei Minuten an, um den Sprung zu verändern, und führen Sie es anschließend über die neue Konstruktion.

Bitten Sie Ihren freundlichen Helfer, folgende Änderungen vorzunehmen:

- Fügen Sie zwei Stangen hinzu, bauen Sie ein niedriges, ca. 45 cm hohes Kreuz, dabei bleibt eine Stange als Grundlinie davor liegen, um den Absprung zu erleichtern.
- Erhöhen Sie mit der Zeit das Kreuz auf 75 cm.
- Bauen Sie mit zwei Ständern und einer Stange ein zweites Kreuz, ungefähr 60 cm hinter das erste.
- Verändern Sie das zweite Kreuz in einen niedrigeren Steilsprung (75 cm hoch).
- Bauen Sie das erste Kreuz in einen 60 cm hohen Steilsprung um.
- Sie haben nun einen Oxer wie eine Rampe, der beim weiteren Vorgehen verbreitert und erhöht wird (Abb. 59).

DIESE ÜBUNG LEHRT DAS PFERD

- ohne Angst zwischen Ständern durchzugehen;
- über eine Stange zu gehen und zu traben;
- über ein Hindernis zu springen und mit geringen Höhen und Breiten umzugehen.
- auf der richtigen Hand zu landen;
- seine Körperform in der Luft über einem niedrigen, breiten Oxer länger zu halten.

NÜTZLICHE VORSCHLÄGE

Rüsten Sie Ihr Pferd vor jeder Longenstunde mit Vorder- und Hintergamaschen sowie Sprungglocken aus, um Verletzungen zu vermeiden, falls es ungewollt an die Stangen schlägt oder sich mit der Hinderhand auf die Ballen tritt. Achten Sie darauf, daß Sie beim Longieren nicht schwindlig werden. Behalten Sie das Pferd vor sich, konzentrieren Sie sich auf seine Hinterhand und wechseln Sie oft die Hand.

Longieren Sie ein Pferd über Sprünge, so halten Sie immer eine Longierpeitsche dicht an seine Hinterbeine, um den Impuls zu unterstützen und um ein Verweigern zu verhindern.

Hat Ihr Pferd die Tendenz, vor dem Sprung eilig zu werden, dann legen Sie am besten einige Trabstangen parallel auf den Boden, um es aufmerksam zu machen und von seiner Angst abzulenken.

Der Abstand zwischen diesen Stangen sollte ungefähr 10 bis 15 cm betragen. Nach jeder Sprungphase lockern Sie die Longe ein wenig, um ein Ziehen im Maul zu vermeiden und das Vertrauen des Pferdes zu vergrößern. Läuft das Pferd am Sprung vorbei, parieren Sie es augenblicklich mit einem starken Ruck an der Longe durch und schlagen gleichzeitig kräftig mit der Longierpeitsche auf seine Hinterbeine, um Ihr Mißfallen zu zeigen.

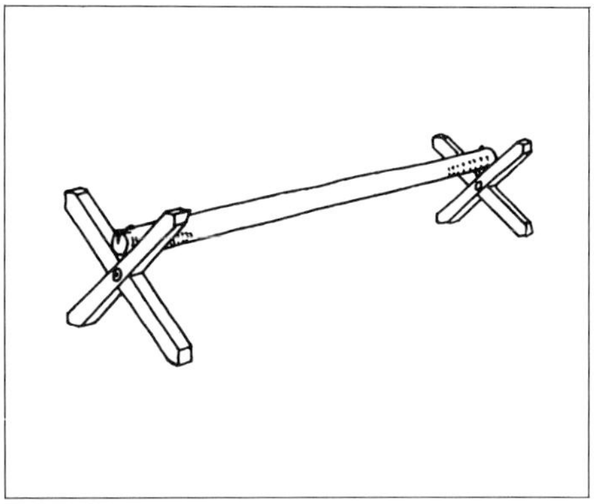

Abb. 60

Anschließend lassen Sie es einige Sekunden darüber nachdenken und klopfen als Zeichen der Vergebung auf den Hals.

Bereits am Anfang des Trainings *muß* das Pferd lernen, über das Hindernis zu springen und nicht davor stehenzubleiben.

Nimmt Ihr Pferd das Hindernis nicht ernst, indem es die Stange immer wieder heruntertritt, können Sie Cavaletti (ein Cavaletto ist eine Stange mit kleinen, aber schweren Stützen an jedem Ende) oder feste Hindernisse wie Baumstämme oder Bahnschwellen verwenden (Abb. 60).

Abb. 59

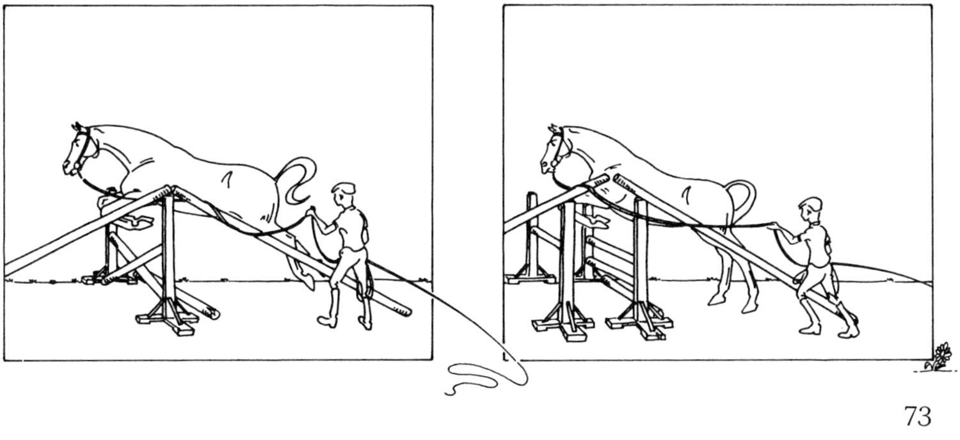

Springen einer »In-Out«-Kombination an der Longe

Das primäre Ziel beim Springen eines Einzelsprunges ist es, das Pferd darauf vorzubereiten, was man von ihm erwartet.

Das Springen einer Reihe von zwei Hindernissen, getrennt durch einen Galoppsprung, lernt dem Pferd, gut zu springen und seinen eigenen Absprungpunkt zu finden.

Mit anderen Worten: die eigentliche Lernerfahrung beginnt erst in einer Kombination. Legen Sie zusammen mit Ihrem freundlichen Helfer vier Stangen auf den Hufschlag, mit einem Ständer an jeder Seite und zwei Stangen auf dem inneren Ständer, damit die Longe darüber gleiten kann. Gehen Sie anschließend 6–7 Schritte (5,40 m–6,30 m) weiter und legen Sie wieder vier Stangen auf den Boden, wieder mit einem Ständer auf jeder Seite und wiederum zwei Stangen, die auf dem inneren Ständer aufliegen. Die folgende Lektion wird auf der linken Hand geübt (auf der rechten Hand wäre es einfach das Gegenteil). Genau wie beim Einzelsprung führen Sie das Pferd hin und zurück über die Stangen. Ist das Pferd entspannt und voller Vertrauen, fangen Sie an, es in einem kleinen, den Hufschlag berührenden Zirkel, genau vor dem ersten Sprung zu longieren. Sobald Sie die Aufmerksamkeit des Pferdes haben, führen sie es durch die Reihe und folgen dem Pferd dabei immer in seiner Spur. Nach dem letzten Element fangen Sie einen neuen Zirkel an, halten dann an, um dem Pferd lobend den Hals zu klopfen. Mit derselben Methode, diesmal im Trab, lassen Sie das Pferd einige Male nacheinander durch die Reihe traben, um es daran zu gewöhnen, im Trab zu bleiben, ohne zu springen. Ab diesem Punkt ist das weitere Vorgehen einfach (Abb. 61). Longieren Sie das Pferd weiter im Trab und ungefähr alle 5 Minuten parieren Sie es zum Halten durch, um ein anderes Hindernis zu bauen. Gehen Sie dabei sehr langsam voran, auch wenn es dadurch nötig sein sollte, das Vorgehen in mehrere Stunden aufzuteilen.

Am Ende wird Ihr Pferd daran gewöhnt sein, über die Stangen zu gehen und sowohl voller Vertrauen als auch in der Geschwindigkeit gefestigt sein. Bitten Sie Ihren freundlichen Helfer, die Hindernisse folgendermaßen zu bauen:

- Sie bauen ein kleines Kreuz aus dem zweiten Element (mit den ersten beiden Ständern des zweiten Elements).
- Sie bauen ein kleines Kreuz aus dem ersten Element.
- Sie bauen ein zweites Kreuz aus dem zweiten Ständerpaar des zweiten Elements.
- Bauen Sie das letzte Kreuz in einen niedrigen (ca. 60 cm hohen) Steilsprung um.
- Bauen Sie einen niedrigeren Oxer aus dem zweiten Element, dabei sollte die hintere Stange 10 cm höher sein als die vordere Stange.

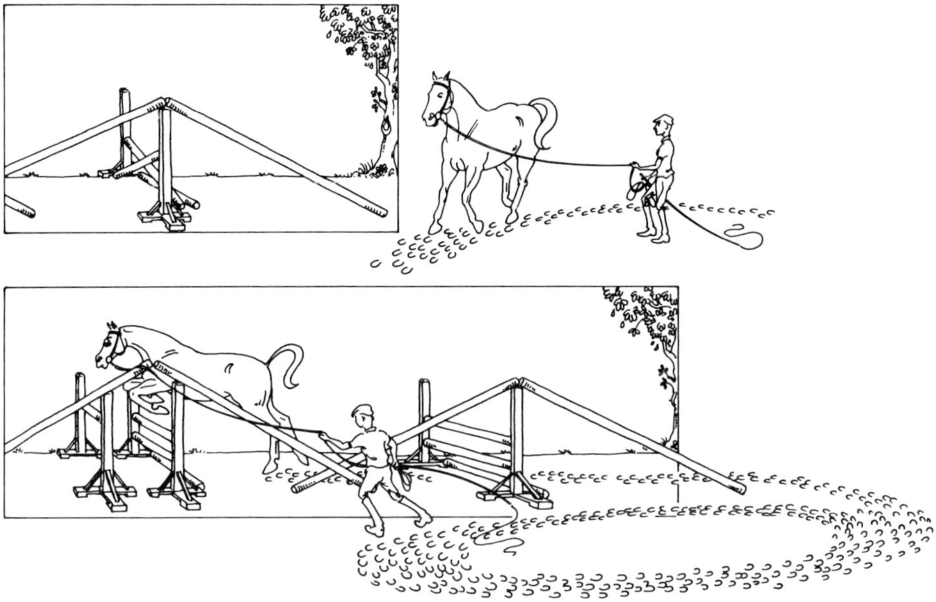

Abb. 61

- Bauen Sie das erste Element in einen niedrigeren (60 cm hohen) Steilsprung um und legen eine Stange als Grundlinie auf jede Seite.

Wenn das Pferd in der Lage ist, die Kombination ruhig zu springen, ist es Zeit, ihm beizubringen, wie es seinen Körper am besten einsetzt, um seinen Springstil zu verbessern und sein Vertrauen zu vergrößern.

Man sagt, ein Pferd springt mit »guter Manier«, wenn es über dem Hindernis seinen Kopf senkt, den Hals nach unten streckt, seine Oberlinie von den Ohren bis zum Schweif rund macht, gleichmäßig die Vorderbeine anhebt und die Hinterbeine unter *seinen Körper zieht.*

Macht das Pferd im Sprung seinen Rükken nicht rund, sondern behält seinen Kopf in der Höhe, bezeichnet man es als zu »flach« oder »ohne Rücken«, dabei springt es wie ein französischer Zwergpudel.

Um die Manier Ihres Pferdes zu verbessern, werden Sie folgendes erkennen:

- Das Springen eines Steilsprunges aus dem Trab lehrt das Pferd, seine Hinterbeine abzuwinkeln, die Schulter anzuheben und über den höchsten Punkt des Hindernisses zu baskulieren (die Oberlinie rund zu machen).
- Das Springen eines Oxers (mittlerer Höhe) lehrt das Pferd, die Vorderbeine einzufalten und seine Manier länger beizubehalten.
- Das Springen eines weiten Oxers lehrt das Pferd, sich über dem Sprung zu strecken und seine Oberlinie lang zu machen, denn es hat keine Geschwindigkeit, die ihm helfen könnte, die Schulter anzuheben.

Während Sie mit dem Springen einer Kombination weitermachen, verkürzen Sie allmählich den Abstand zwischen den beiden Hindernissen. Dies wird die schwerste Lektion, denn sie wird Ihr Pferd lehren, sich zu versammeln, die Beine zu sortieren und seinen Körper unter dem Hindernis einzurunden.

Die wiederholte Übung wird allmählich Kraft in seiner Hinterhand entwickeln und dem Pferd damit die Fähigkeit geben, sich vorwärts zu bewegen und dabei rund zu bleiben. Springen Sie die Kombination in umgekehrter Reihenfolge, d. h. Oxer-Steilsprung, lernt das Pferd, seine Hinterhand noch mehr abzuwinkeln und seine Schulter höher zu heben.

Die schwierigste Gymnastik ist für das Pferd, die Kombination aus dem Galopp zu springen.

Das geht folgendermaßen:

- Sie galoppieren das Pferd ca. 18 bis 21 m vom ersten Element entfernt auf dem Zirkel. Dabei berühren Sie den Hufschlag.
- Führen Sie das Pferd zur Kombination hin, bleiben Sie dabei aber im selben Rhythmus.
- Lassen Sie das Pferd durch die Reihe springen. Dabei folgen Sie ihm und geben mit der Longe nach.
- Stellen Sie das gleichmäßige Tempo auf einem Zirkel nach dem zweiten Hindernis wieder her.

Man bezeichnet dies deshalb als schwierigste Übung, weil Sie selbst mit dem Pferd laufen und vielleicht sogar zu Fuß nebenher galoppieren müssen (Abb. 62).

DIESE ÜBUNG LEHRT DAS PFERD

- seine Manier zu verbessern, ohne die Geschwindigkeit zu benutzen;
- seine Schulter anzuheben und den Rücken rund zu machen;
- seinen Körper zu spannen und zu strecken;
- sein Gleichgewicht und seine Leistungsfähigkeit zu verbessern;
- auf dem richtigen Fuß zu landen.

NÜTZLICHE VORSCHLÄGE

Bevor Sie mit der eigentlichen Arbeit über Hinderniskombinationen beginnen, müssen Sie Ihrem Pferd eine neue Longiertechnik beibringen; es muß Schritt, Trab und Galopp gehen, während Sie den Mittelpunkt des Zirkels bewegen. Dabei gehen Sie folgendermaßen vor (Abb. 62):

Stellen Sie sich an das Ende des Platzes auf die Mittellinie:

Abb. 62

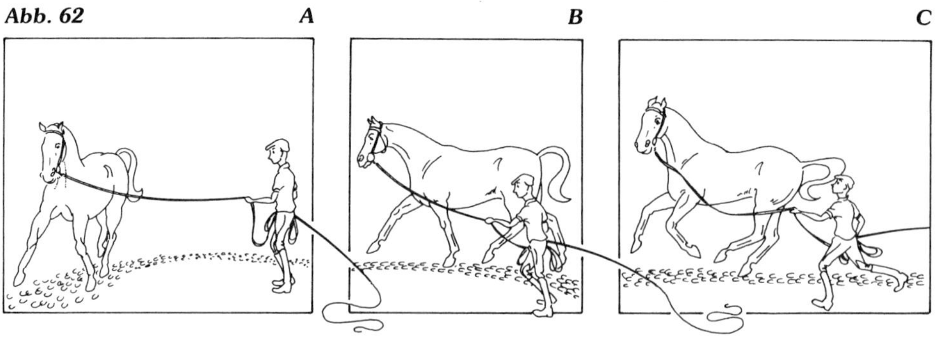

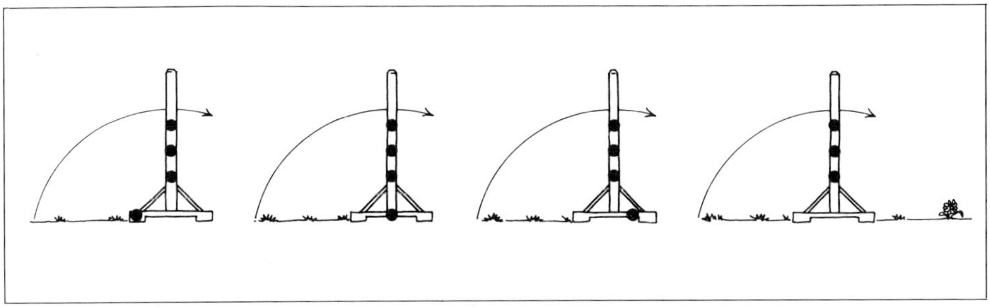

Abb. 63

A. Sie fangen mit dem Longieren im Schritt an (später werden Sie diese Übung im Trab und Galopp wiederholen).
B. Langsam, Schritt für Schritt, gehen Sie entlang der Mittellinie hin und her, dabei longieren Sie das Pferd um sich herum. Gehen Sie dabei vorsichtig vor, bis sich das Pferd daran gewöhnt hat, Sie neben sich hergehen zu sehen.
C. Gehen Sie allmählich schneller oder joggen Sie langsam.
Nach einigen Stunden müssen Sie in der Lage sein, beim Longieren auf beiden Händen auf der Mittellinie entlang zu laufen, dabei bleibt Ihr Pferd in einem ruhigen Galopp und folgt Ihrer Spur. Um dem Pferd beizubringen, seinen Galoppsprung der Höhe des Hindernisses anzupassen statt der Grundlinie, bewegen Sie allmählich die Stange am Boden von vorne bis unter das Hindernis, dann entfernen Sie die Stange ganz (Abb. 63).
Hat Ihr Pferd die Neigung, loszustürmen oder eilig zu werden, wenn Sie anfangen, die Kombination zu springen, legen Sie eine Stange in die Mitte der Distanz zwischen den beiden Hindernissen. Das zieht seine Aufmerksamkeit an und zwingt das Pferd, langsamer zu werden.
Sollten Sie die Gelegenheit haben, ein perfekt ausgebildetes Pferd zu longieren, können Sie das Pferd den Einzelsprung aus dem Schritt, dem Halten und sogar dem Rückwärtsrichten springen lassen. Das wird seine Kraft in der Hinterhand enorm verbessern, seine Vorderbeintechnik perfektionieren und ihm ermöglichen, seinen Hals und seinen Kopf besser einzusetzen, um eine bessere Bascule über dem Hindernis zu erzielen.
Diese bewährte Trainingsprozedur kann auch mit der Doppellonge (Longen auf jeder Seite des Pferdekörpers, die wie lange Zügel arbeiten) durchgeführt werden. Fortschritte erzielt man damit schneller, denn die Arbeit ist präziser, erfordert aber feine und vorsichtige Ausführung.

Springen unter dem Sattel

Mutter Natur hat das perfekte Gleichgewicht für das Pferd vorgesehen, aber anscheinend vergessen, den Reiter miteinzubeziehen.
Um die besten Ergebnisse bei der nachfolgenden Übungsreihe zu erzielen, sollte Ihr Pferd ausreichende Dressurgrundlagen haben.
Je besser das Pferd in der Lage ist, im Schritt, Trab und Galopp, Gleichgewicht, Rhythmus und Impuls zu erhalten, umso schneller und besser wird es die Arbeit über die Hindernisse annehmen. Erinnern Sie sich immer an das Sprichwort:
»Wenn ein Pferd beim Reiten nicht lernt, verlernt es.«
Wenn Sie dies wissen und gleichzeitig jeden Tag Springen üben, werden Sie dem Pferd den Gehorsam für die natürlichen Hilfen beibringen und weiter verbessern, indem Sie diese Art Erziehung fortsetzen.

Sie lehren das Pferd, einen Einzelsprung aus dem Trab zu springen
Legen Sie mit Ihrem freundlichen Helfer eine Stange auf den Hufschlag. Wie vorher reiten Sie einige Male hin und zurück über die Stange. Dann wird Ihr freundlicher Helfer allmählich vier weitere Stangen in einem Abstand von 1,35 m auf den Boden legen (Abb. 64). Sobald das Pferd mit den Stangen vertraut ist und erkennt, daß diese »nicht beißen«, ich meine damit, daß alles in Ordnung ist, können Sie genauso weiter machen, aber diesmal im Leichttraben.
Um es dem Pferd bequem zu machen, während Sie über die Stangen traben, lehnen Sie Ihren Oberkörper leicht nach vorne und berühren den Sattel mit Ihrem Gesäß beim Einsitzen.
Nach einigen Versuchen sollte Ihr Pferd am langen, lockeren Zügel ruhig über die Stangen traben.

Abb. 64

Ist dies nicht der Fall, sollten Sie noch einmal im Schritt anfangen und beim nächsten Anreiten im Trab das Tempo einige Meter vor den Stangen verlangsamen. Nun bitten Sie Ihren freundlichen Helfer, zwei Ständer an jedes Ende zu stellen und die vier Stangen umzugruppieren, die übrige Stange bleibt weiter vorne liegen.

Auf der linken Hand (auf der rechten Hand wäre es das genaue Gegenteil) reiten Sie im Leichttraben mehrere Male über die Stangen auf dem Boden. Es hat sich bewährt, an dieser Stelle immer einige Galoppsprünge nach dem »Hindernis« zum Halten durchzuparieren. Dies wird Ihr Pferd lehren, sich selbst nach dem Hindernis wieder auszubalancieren. Am Anfang könnte dies etwas schwierig sein, aber nach kurzer Zeit wird das Pferd Ihr Kommando vorwegnehmen und beinahe von selbst anhalten.

Ab hier ist das weitere Vorgehen einfach: Nach jedem vierten oder fünften Mal oder nach Ihrem eigenen Gefühl bitten Sie Ihren freundlichen Helfer, ein anderes Hindernis zu bauen. Vom leichten zum schweren gehen Sie dann folgendermaßen vor:

- Ein kleines Kreuz (ca. 45 cm hoch) mit je einer Stange auf dem Boden, auf jeder Seite ca. 45 cm entfernt.
- Ein höheres Kreuz (60 bis 75 cm hoch).
- Ein niedriger Steilsprung (60 cm hoch).
- Ein niedriger Oxer, vorne 60 cm hoch, 75 cm hinten und 60 cm breit.

Bauen Sie das Hindernis nur um, wenn Sie sicher sind, daß Ihr Pferd ruhig springt. Vergessen Sie nicht, nach jedem Sprung zum Halten durchzuparieren.

DIESE ÜBUNG LEHRT IHREM PFERD

- beim Springen mit dem Gewicht des Reiters umzugehen;
- seine Schultern über einem Steilsprung anzuheben;
- seinen Rücken einzusetzen und über einem Oxer rund zu machen;
- sein Vertrauen zu vergrößern.

NÜTZLICHE VORSCHLÄGE

Eilt oder stürmt das Pferd:
Reiten Sie in einiger Entfernung vom Hindernis einen Zirkel und stellen Sie ein gleichmäßiges Tempo ein oder lassen Sie im schlimmsten Fall das Pferd Schritt gehen oder eine Zeit stehen, um ihm die Chance zu geben, sich vollständig zu entspannen.

Legen Sie eine Stange 2,50 m vor dem Hindernis auf den Boden. Anschließend fügen Sie 1,35 m entfernt drei weitere Stangen hinzu. Liegen die Stangen dabei mit Absicht nicht absolut parallel, wird es Ihr Pferd veranlassen, mit mehr Vorsicht darüber zu traben.

Ist Ihr Pferd kurz davor abzuspringen, verstärken Sie allmählich den Druck Ihrer Schenkel, ohne das Pferd dabei zu überraschen, und lockern Sie den Zug auf Ihren Zügeln, um dem Pferd zu erlauben, seinen eigenen Absprungpunkt zu finden.

Neigt Ihr Pferd dazu, ohne Rücken zu springen, was eine sehr unangenehme Angewohnheit für den Reiter ist, lokkern Sie die Zügel und halten sich an der Mähne oder an einem Halsriemen fest.

Nach einiger Zeit und mit mehr Übung beim Springen wird diese schlechte Haltung korrigiert sein.

Sie lehren das Pferd, mehrere Hindernisse aus dem Trab zu springen

Verteilen Sie mit Ihrem freundlichen Helfer fünf bis sechs Einzelsprünge wahllos auf dem Platz, aber entfernt voneinander wie zum Beispiel: Zwei Kreuze, zwei Steilsprünge und zwei Oxer. Jedes Hindernis ist niedrig und hat jeweils eine Stange auf jeder Seite auf dem Boden, damit es leicht von jeder Hand zu springen ist (Abb. 65).
Zum Beispiel:
Sie traben auf der linken Seite über A, galoppieren 2 oder 3 Galoppsprünge und halten Ihr Pferd an (Halten bedeutet Stillstand).
Sie traben über B und halten wieder an. Anschließend traben Sie auf dieselbe Weise vorgehend über C,D,E,F und wieder von der anderen Seite über A. Ist Ihr Pferd gefestigt, entspannt und hält nach jedem Hindernis, versuchen Sie, über einen anderen Parcours zu traben, wie z. B. A,C,D,F,C,B,A, oder E,A,D,B, F,E,C,A oder was auch immer sie sich ausgedacht haben. Nützen Sie, während Sie über die Sprünge traben, die Phase zwischen Landung und Absprung, um das Tempo Ihres Pferdes zu verändern, indem Sie vom Tritteverlängern zum -verkürzen und wieder Verlängern wechseln oder umgekehrt, damit Ihr Pferd lernt, seine Aufmerksamkeit auf Ihre Wünsche zu konzentrieren, anstatt sich auf das Gebiß zu legen. Zusätzlich lernt das Pferd dabei, für das nächste Hindernis bereit zu sein. Nachdem Sie vier oder fünf Parcours gesprungen haben, reiten Sie einen weiteren, diesmal aber *ohne* nach jedem Hindernis anzuhalten. Erstaunlicherweise werden Sie feststellen, daß Ihr Pferd nach der Landung mit gleichmäßigem Tempo ruhig auf Ihre Kommandos wartet. Es wäre aber jetzt zu früh, das Halten nach den Sprüngen im Training wegzulassen. Beim Anreiten der Hindernisse lassen Sie Ihr Pferd alleine machen, um

Abb. 65

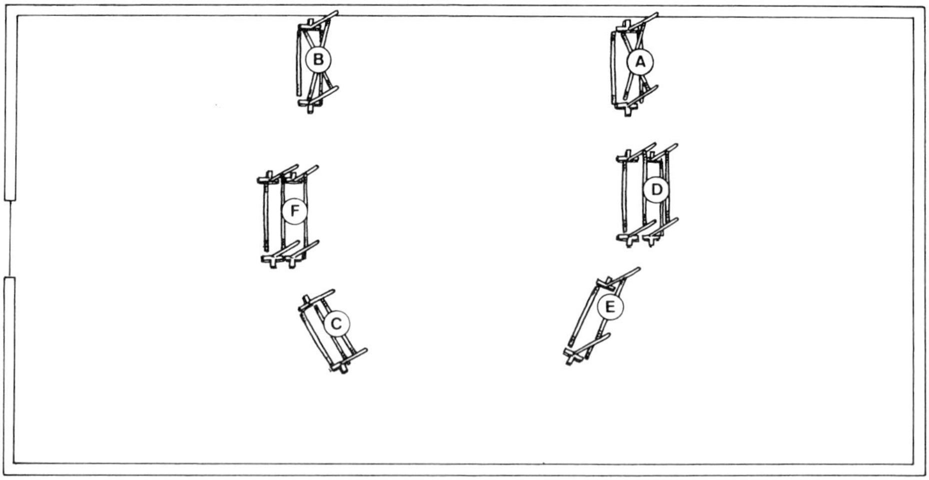

ihm die Chance zu geben, alleine abzuschätzen, wie es das Hindernis am besten überwindet. Dabei reiten Sie den Sprung folgendermaßen an:
Sitz: Gesäß in leichter Verbindung mit dem Sattel.
Beine: Zusammen treibend am Gurt, um das Unterspringen und den Impuls zu erhalten.
Hände: In weicher Verbindung zum Pferdemaul, aber reaktionsbereit, falls das Gleichgewicht sich ändert.

DIESE ÜBUNG LEHRT IHR PFERD

- die Zeitspanne seiner Aufmerksamkeit zu verlängern;
- sein Vertrauen zu vergrößern;
- seine Fähigkeit zu verbessern, sofort nach dem Hindernis sein Gleichgewicht wiederherzustellen;
- seinen Gehorsam für die Reiterhilfen zu perfektionieren.

NÜTZLICHE VORSCHLÄGE

Will Ihr Pferd an ein neues Hindernis nicht hingehen, weil es sich fürchtet, parieren Sie es zum Schritt oder sogar zum Halten durch. Lassen Sie das Pferd aus einer Entfernung das Hindernis ansehen, und versuchen Sie dann, langsam anzureiten.
Am Anfang der Lernphase müssen Pferde oft diese seltsamen Bauwerke berühren oder beschnuppern. Ist ein Pferd absolut widersetzlich beim Anreiten eines Sprunges, richten Sie es einige Male hintereinander mit dem Gesicht zum Sprung rückwärts und versuchen es noch einmal. Sehr oft verstärken Sie unbewußt beim Rückwärtsrichten den Vorwärtsdrang im Kopf des Pferdes.

Übrigens sollten Sie in derselben Weise vorgehen, müßten Sie eines Tages einen ›Anhalter‹ oder ›Verweigerer‹ (Pferd, das die Neigung hat, zu verweigern) umschulen.
Sind Sie mit den Fortschritten Ihres Pferdes zufrieden, zögern Sie niemals, Ihr Pferd mit einem Klopfen auf den Hals zu belohnen. Noch besser wäre es, das Pferd zurück in den Stall zu bringen. Für das Pferd ist dies die höchste Belohnung.

Sie lehren das Pferd, einen Einzelsprung aus dem Galopp zu springen

Legen Sie mit Ihrem freundlichen Helfer vier Stangen zusammen auf den Hufschlag, mit einem Ständer auf jeder Seite.
Dann gehen Sie 10–11 Schritte weiter und legen wieder vier Stangen und zwei weitere Ständer auf den Boden. Reiten Sie im Schritt vor und zurück über die Stangen.
Fangen Sie während der Lernphase immer mit einer bekannten Arbeit an, bevor Sie etwas Neues versuchen. Sobald Ihr Pferd mit dieser Lektion vertraut ist, machen Sie das Gleiche im Aussitzen. Nach einigen Malen parieren Sie Ihr Pferd zum Schritt durch und bitten Ihren freundlichen Helfer, aus dem zweiten Ständerpaar ein niedriges Kreuz zu bauen. Traben Sie auf der linken Hand (es wäre auf der rechten Hand genau umgekehrt) zuerst über die Stangen und dann über das Kreuz. Bitten Sie Ihren freundlichen Helfer, ein zweites Kreuz aus dem Ständerpaar zu bauen, nachdem Sie zwei- bis dreimal über das eine Kreuz getrabt sind.

Abb. 66

Reiten Sie folgendermaßen über diese Reihe: Vom ersten Hindernis etwas entfernt reiten Sie im Leichttraben an, stellen das Tempo ein und führen Ihr Pferd zum ersten Element hin. Bleiben Sie im Trab, reiten Sie über das erste Kreuz und geben dann dem Pferd völlige Freiheit, um das zweite Kreuz zu springen (vergessen Sie nicht, danach anzuhalten). Das erste Kreuz veranlaßt Ihr Pferd anzugaloppieren, und die vorgegebene Distanz zwischen den beiden Hindernissen hilft ihm, zwei Galoppsprünge zu machen und gibt ihm genug Zeit einen bequemen Absprungpunkt für das zweite Kreuz zu finden.

Nach einigen Malen wird Ihr freundlicher Helfer das zweite Kreuz in einen Steilsprung (60 cm hoch) umbauen und ein kleines Rick darunterstellen. Nach jedem Ritt durch die Kombination erhöhen Sie das zweite Element um ein Loch, bis der Sprung 90 bis 105 cm hoch ist. Beim Springen über das zweite Element spüren Sie (Abb. 66):

Beim Anreiten: Das Pferd bewegt sich leicht und elegant, wenn es im Gleichgewicht ist.

Vor dem Absprung: Das Pferd senkt seine Vorhand, um der Hinterhand das Unterspringen unter den Körper zu ermöglichen.

Während des Absprungs: Das Pferd hebt seine Vorderbeine hoch und bewegt sich selbst mit seinen Hinterbeinen in die Höhe.

Über dem Sprung: Das Pferd rundet seine Wirbelsäule ein. Sie können dabei fühlen, daß Ihr Gewicht nach oben bewegt wird.

Abb. 67

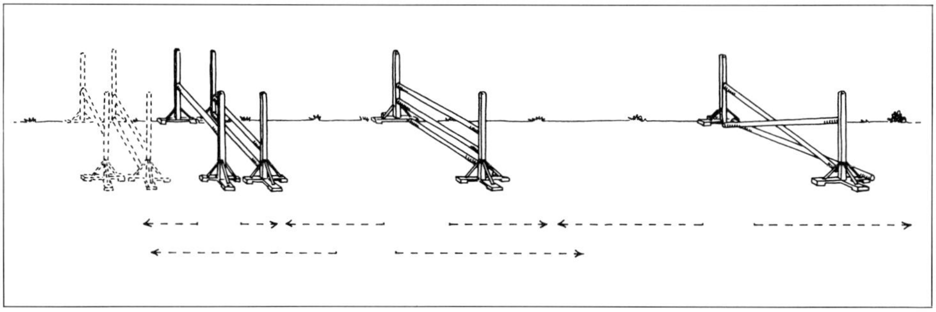

Abb. 68

Während der Landephase: Das Pferd senkt seine Vorhand, damit die Hinterhand unterspringen und das Pferd wieder ins Gleichgewicht bringen kann.

Sobald sich das Pferd an die Trab-Kombination gewöhnt hat, fügen Sie ein drittes Hindernis hinzu:

Ein Oxer in einer Entfernung von sechs bis sieben Schritten. Zuerst ist der Oxer niedrig und wie eine Rampe gebaut, also vorne 60 cm hoch, hinten 75 cm weit und 60 cm hoch. Während Sie die Kombination springen und das Pferd flinker wird, erhöhen Sie allmählich die oberen Stangen jeweils um ein Loch, bis der Oxer vorne 90 cm, hinten 1,05 cm hoch und 1,05 cm breit ist.

Jetzt ist das weitere Vorgehen einfach: Stoßen Sie nach drei bis vier Durchgängen nicht auf irgendwelche Schwierigkeiten, verlängern Sie die Distanz jeweils um 3,60 m, um weitere Galoppsprünge zwischen Steilsprung und Oxer hinzuzufügen (Abb. 68).

Ist Ihr Pferd in der Lage, das dritte Element mit Leichtigkeit zu springen, ist es Zeit, die zwei vorhergehenden Hindernisse zu entfernen und den Oxer niedriger zu machen (5 bis 10 cm).

Diesen Einzelsprung reiten Sie folgendermaßen: In einer gewissen Entfernung vom Oxer galoppieren Sie auf dem Zirkel an. Stellen Sie Gleichgewicht, Rhythmus und Impuls ein, reiten Sie auf dem Hufschlag um den Platz, und führen Sie dann das Pferd Richtung Hindernis.

Beim Anreiten: Sehen Sie eine Distanz, die zu lang ist:

A. Konzentrieren Sie sich auf die Grundlinie des Sprunges, denn dies wird das Pferd zu einem dichteren Absprung veranlassen.

B. Oder warten Sie ab, bis Sie eine kürzere Distanz sehen.

C. Oder Sie parieren das Pferd zum Trab durch, springen das Hindernis aber trotzdem. Sind Sie mit der Distanz, die Sie erkennen, nicht zufrieden, vermeiden Sie es, anzuhalten, denn dabei können Sie Ihr Pferd leicht zu einem »Verweigerer« erziehen. Halten Sie das Pferd stattdessen im Gleichgewicht und lassen Sie es selbst seinen Absprung finden. Verändert das Pferd plötzlich sein Tempo, versuchen Sie, eine schnelle und unauffällige Parade zu geben. Gehorcht Ihr Pferd nicht, schulen Sie es folgendermaßen:

A. Ca. fünf Galoppsprünge vor dem Hindernis reduzieren Sie das Tempo, um zum Trab zu kommen, dabei müssen Sie unter Umständen stark mit der Hand einwirken, z. B. mit halben Paraden (siehe S. 106).

B. Wiederholen Sie Phase A einige Male und reduzieren Sie die Galoppsprünge auf 4, 3, 2, 1 und ganz.

DIESE ÜBUNG LEHRT IHR PFERD

- im Galopp zu springen;
- sein Gleichgewicht zu verbessern;
- auf Ihre natürlichen Hilfen zu achten;
- Vertrauen selbst aufzubauen.

NÜTZLICHE VORSCHLÄGE

Hier sind einige grundlegende Übungen, um die Manier Ihres Pferdes über den Sprung zu verbessern:

- Hat Ihr Pferd die Tendenz, zu hoch zu springen, beschleunigen Sie einfach das Tempo beim Anreiten.
- Hat Ihr Pferd die Tendenz, zu faul oder unaufmerksam zu sein, verbreitern Sie entweder den Oxer, wenn er niedrig ist, oder Sie fügen zwei Stangen hinzu, die Sie wie ein umgedrehtes V hinlegen (Abb. 69). Für Schulungszwecke sollten die Stangen zuerst auf dem Boden liegen. Wenn sich das Pferd daran gewöhnt hat, ist es Zeit, sie auf die oberste Hindernisstange zu legen.
- Springt das Pferd zu aggressiv, rollen Sie die Stange am Boden ein Stück vom Hindernis weg oder verkürzen Sie die Abstände in den Kombinationen.
- Faltet Ihr Pferd seine Vorderbeine zu langsam, bauen Sie eine Kombination »ohne Galoppsprünge« mit zwei oder mehr Kreuzen, lediglich 3,60 m auseinander.
  Dies zwingt das Pferd zu »bouncen«, das bedeutet, es muß landen und schnell wieder abspringen, denn es ist zwischen den beiden Hindernissen nicht genug Platz für einen ganzen Galoppsprung (Abb. 70).
- Läßt Ihr Pferd die Vorderbeine »hängen«, lassen Sie es so viele weite Oxer oder Kombinationen (z. B. hoher Steilsprung nach einem breiten Oxer) wie möglich springen.
- Driftet Ihr Pferd in der Kombination weg, reiten Sie einfach mehr zu oder legen Sie Stangen auf jeder Seite des Hufschlags auf den Boden, um das Pferd zu »kanalisieren« (Abb. 71).
- Ist Ihr Pferd immer noch nicht ganz aufmerksam, schulen Sie es über ge-

Abb. 69

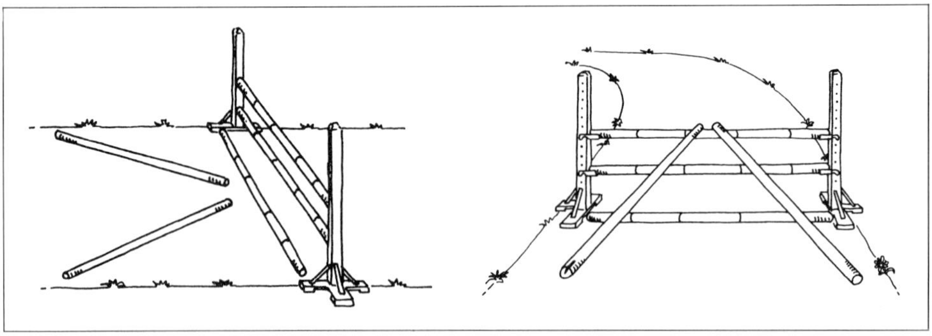

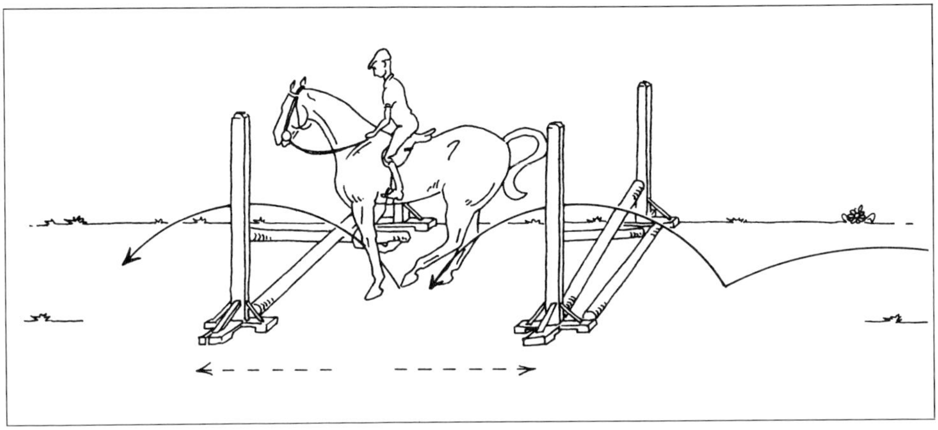

Abb. 70

ringfügig verschiedene Reihen, wie z. B. ein niedriges Kreuz, 5,40 bis 6,40 m danach ein Steilsprung, 10,20 m danach ein Oxer, 7,60 m dahinter ein weiterer Steilsprung oder eine schwierige Reihe – niedriges Kreuz, 6,40 m dahinter ein weiteres Kreuz, 6,40 m danach ein Oxer, 10,20 m zu einem Steilsprung, 7,60 m dahinter ein Oxer.

Vergessen Sie nicht, immer nach dem letzten Sprung zum Halten durchzuparieren, damit das Pferd lernt, sich selbst wieder ins Gleichgewicht zu bringen. Um anzuhalten, benützen Sie nur Ihr Gesäß (der Oberkörper ist dabei leicht nach hinten gelehnt), Ihre Beine und Ihre Hände. Benutzen Sie auf keinen Fall die Einzäunung oder eine Wand zum Anhalten, auch wenn das Pferd dadurch besser unterspringen würde.

Betrachten Sie es auf diese Weise: Es ist nicht immer eine Einzäumung oder eine Wand da, wo Sie diese brauchen würden. Im stetigen Vorangehen während des Trainings treffen Sie auf einige gute Tage und einige .... andere Tage. Aber lassen Sie *niemals* Ihre eigenen Launen sich in den Weg stellen.

Sind Sie frustriert oder ärgerlich, führen Sie Ihr Pferd einige Minuten, atmen ein paar Mal tief durch und fangen noch

Abb. 71

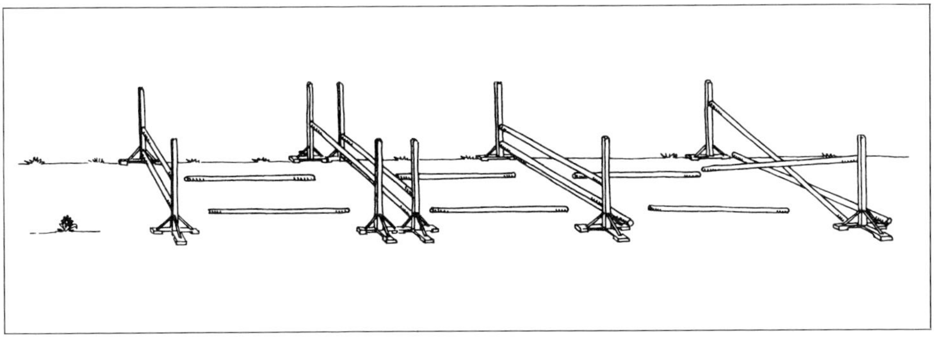

einmal an. Im schlimmsten Fall steigen Sie ab und lassen Ihr Pferd bis zum nächsten Tag in Ruhe – Sie und Ihr Pferd werden sich viel besser fühlen und friedlich wieder gutmachen, was zu einer Katastrophe geführt hätte.

Sie lehren das Pferd, seine Galoppsprünge zu verlängern und zu verkürzen, um den Absprungpunkt zu treffen

Das Pferd muß lernen, seine Wirbelsäule zu strecken und zusammenzuschieben, um in der Lage zu sein, lange und kurze Distanzen zwischen den Hindernissen mit Leichtigkeit zu überwinden.

Bei der folgenden Übung werden Sie über eine Kombination mit zwei Galoppsprüngen reiten, doch es wäre die gleiche Übung, wenn die Distanz auf drei, vier, fünf oder mehr Galoppsprünge ausgedehnt werden würde.

VERLÄNGERN DER GALOPPSPRÜNGE

Mit Ihrem freundlichen Helfer bauen Sie eine »In-Out«-Kombination aus zwei niedrigen Rampenoxern und einer Stange auf jeder Seite auf dem Boden. Der Abstand zwischen den beiden Hindernissen sollte 10–11 Schritte betragen. Von der Kombination entfernt galoppieren Sie auf der linken Hand auf dem Zirkel an.

Stellen Sie Gleichgewicht, Rhythmus und Impuls her und reiten Sie dann auf der langen Seite folgendermaßen auf den ersten Oxer zu:

A. Bemühen Sie sich um einen durchschnittlichen Absprungpunkt. Nachdem Sie das erste Element gesprungen haben, lassen Sie das Pferd die nächsten zwei Galoppsprünge selbst übernehmen und das zweite Hindernis ohne Ihre Hilfe treffen.

Die einzigen Dinge, die Sie möglicherweise kontrollieren können, sind das Geradesein des Pferdes und der Impuls.

B. Bitten Sie Ihren freundlichen Helfer, die Distanz um 30 cm auf 9,90 m bis 10,50 m zu strecken, indem er einen der beiden Oxer nach hinten verschiebt. Dann stellen Sie einen gleichmäßigen Galopp, Gleichgewicht etc. ein. Bemühen Sie sich wieder um einen durchschnittlichen Absprungpunkt, treiben Sie aber diesmal, wenn Sie nach dem ersten Hindernis landen, etwas stärker mit Ihren Schenkeln, um die Galoppsprünge zu verlängern und dem Pferd zu helfen, die neue Distanz zu bewältigen, die es nicht erwartet.

C. Verlängern Sie den Abstand auf 10,20 bis 10,80 m und führen Sie dieselbe Übung aus, dabei treiben Sie noch stärker mit Ihren Schenkeln.

Diese, auf beiden Händen, wiederholten Übungen werden die Fähigkeiten Ihres Pferdes verbessern, die Galoppsprünge zu verlängern, wenn Sie es wünschen. Sie könnten die Übung verändern, indem Sie den ersten Oxer niedriger machen und damit die Sprungkurve verkleinern, um das Pferd zum Verlängern der Galoppsprünge zwischen den Hindernissen zu veranlassen.

VERKÜRZEN DER GALOPPSPRÜNGE

Nun stellen Sie zwei Steilsprünge (ca. 90 cm hoch) in einem Abstand von 10–11 Schritten auf den Hufschlag. Von der Kombination entfernt galoppieren Sie auf der linken Hand an und stellen Rhythmus, Gleichgewicht und Impuls her. Dann reiten Sie um die ganze Bahn folgendermaßen auf den ersten Steilsprung zu:

A. Während Sie das erste Hindernis anreiten, verlängern Sie die Galoppsprünge, passen die Zügellänge an und bemühen sich um einen weiten Absprungpunkt. Nachdem Sie auf der anderen Seite gelandet sind, treiben Sie aggressiver mit beiden Schenkeln am Gurt, lassen aber diesmal die Zügel etwas lockerer, um einen dichten Absprungpunkt zu treffen. Nur ein dichter Absprungpunkt veranlaßt Ihr Pferd, seinen Körper anzuspannen, seine Beine zu sortieren und sich über dem zweiten Hindernis rund zu machen.

B. Verkürzen Sie jetzt die Distanz zwischen den beiden Sprüngen und gehen Sie auf dieselbe Weise weiter voran. Diesmal bleiben Sie aber mit Ihren Schenkeln passiv, dabei reduzieren Sie das Tempo mit Ihren Händen. Lassen Sie das Pferd daraus lernen, sich selbst zu versammeln.

C. Verkürzen Sie die Distanz auf 9,00 m bis 9,60 m. Während Sie durch die Kombination reiten, bleibt Ihre Handeinwirkung sowohl auf der rechten als auch auf der linken Hand die gleiche, nur diesmal etwas weicher.

Die wiederholten Übungen verbessern die Fähigkeit Ihres Pferdes, auf das kleinste Kommando die Galoppsprünge zu verkürzen. Sie können die Übungen auch verändern, indem Sie den ersten Oxer verbreitern und damit die Sprungkurve vergrößern, um das Pferd zu veranlassen, zwischen den Hindernissen seine Galoppsprünge zu verkürzen. Es ist zu empfehlen, diese beiden Übungen zu kombinieren, indem Sie eine weite und eine enge Kombination auf jeweils eine lange Seite Ihres Reitplatzes stellen (Abb. 72). Reiten Sie zu Ihrer eigenen Beruhigung einige Male über die Reihen hin und zurück. Sie werden außerdem spüren, daß es leichter ist, die Galoppsprünge zu verlängern als zu verkürzen, denn Pferde gehen lieber vorwärts anstatt abzubremsen.

Abb. 72

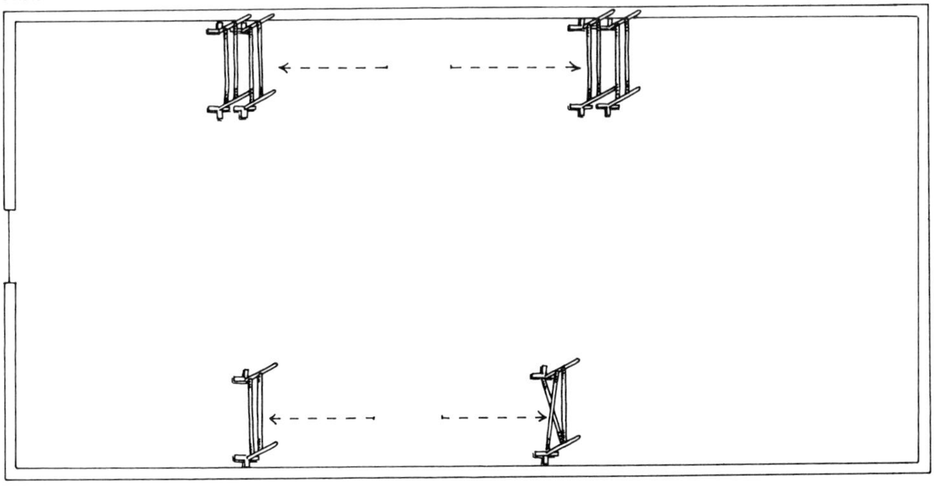

DIESE ÜBUNGEN LEHREN IHR PFERD

- seinen Körper zu strecken und trotzdem dabei rund zu bleiben;
- seinen Körper zu spannen und das Unterspringen der Hinterbeine zu perfektionieren;
- leicht von der Versammlung in die gedehnte Haltung zu wechseln;
- sein Gleichgewicht zu verbessern;
- den Gehorsam auf Ihre Hilfen zu vervollkommnen.

NÜTZLICHE VORSCHLÄGE

Im Laufe Ihrer Entwicklung muß Ihre Hilfengebung präziser, aber niemals gleichzeitig sein.

Vergessen Sie nicht:

- Wenn Sie mit den Beinen Hilfen geben – halten Ihre Hände nicht dagegen, könnten aber dagegen halten.
- Wenn Sie mit den Händen Hilfen geben – halten Ihre Beine nicht dagegen, könnten es aber.

Wenn sich die Koordination Ihrer Hilfen verbessert, werden Ihre Hilfen dichter hintereinander erscheinen, aber niemals gleichzeitig. Überlassen Sie diese Feinheiten Fachleuten oder Kunstreitern, denn es würde Ihr unerfahrenes Pferd verwirren.

Der sofortige Gehorsam auf Ihre Hand- und Schenkelhilfen ist ein *Muß*.

Sie sollten genau wissen, wie lange es dauert, bis Ihr Pferd auf ihre Forderungen reagiert.

Ihre Schenkel treiben *stärker*, aber *nicht schneller*, um ein Eiligwerden der Gangart zu vermeiden und um den Rhythmus nicht zu unterbrechen.

Mit der Zeit und mit der Übung reduzieren Sie ihre Stimmhilfen immer mehr und Sie werden lernen, sich mit Ihrem Pferd durch Schenkel- und Zügelhilfen zu unterhalten.

- Spannen Sie ihre Schenkel an, dann sagen Sie zu ihrem Pferd: »Geh vorwärts und bring Deine Hinterhand unter Deinen Körper«.
- Fassen Sie die Zügel fester mit Ihren Händen an, sagen Sie: »Werde langsamer oder geh in die Wendung, aber bleib im Gleichgewicht.«

Die Unterhaltung mit Ihrem Pferd sollte eine reine Privatsache sein ....

Mit der Zeit und mit der Übung werden Ihre Hilfen sehr unauffällig und weich, Ihr Pferd muß lernen, mit sehr wenig Hilfe Ihrerseits zu springen. Fallen Sie in die Gewohnheit, zu viel passend zu machen, wird Ihr Pferd in kurzer Zeit völlig abhängig von Ihnen sein und von selbst nichts mehr versuchen. Versammelt sich Ihr Pferd schlecht oder lernt es langsam, legen Sie eine Stange 30 bis 60 cm vor dem zweiten Hindernis auf den Boden, um es zu erinnern, die Galoppsprünge zu verkürzen.

Hat Ihr Pferd einmal genügend Flexibilität erreicht, die Galoppsprünge zu verlängern und zu verkürzen, wird es Zeit, die obigen Übungen zu wiederholen und Reihen mit 3, 4, 5, 6 oder sogar 7 Galoppsprünge zwischen den beiden Hindernissen zu springen.

Sie lehren das Pferd, eine zweifache und eine dreifache Kombination zu springen

Eine Zweifache oder Dreifache ist ein »Geschicklichkeitstest« für Pferd und Reiter, in Wirklichkeit aber leicht zu springen. Die einzige Herausforderung besteht darin, das erste Element der Reihe richtig anzureiten.

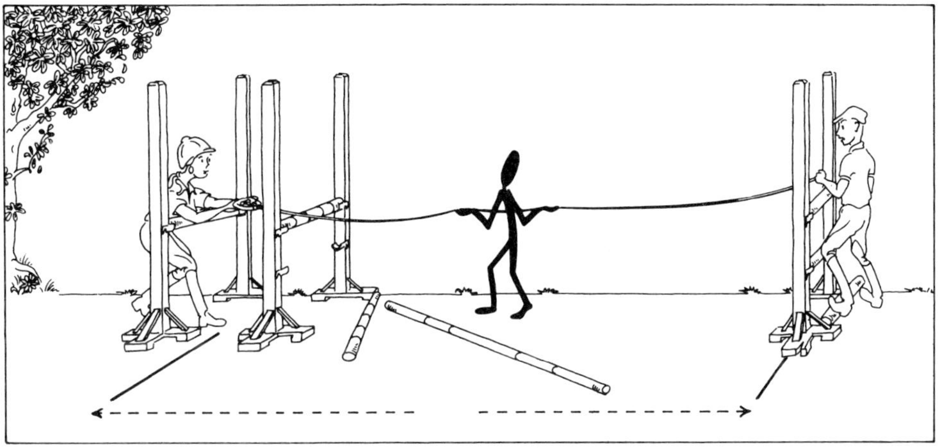

Abb. 73

DIE ZWEIFACHE KOMBINATION
(Jagdpferde-, Reitpferde-, und Springpferdeprüfungen)

Eine zweifache Kombination besteht aus zwei aufeinanderfolgenden Hindernissen mit ein oder zwei Galoppsprüngen zwischen den einzelnen Elementen. Der ganze Aufbau mit Ein- und Aussprung wird als ein Hindernis betrachtet. Legen Sie zweimal drei bis vier Stangen mit Ständern in einem Abstand von 24 Schritten auf den Hufschlag (Abb. 73).

Um bei dieser Übung absolut genau zu sein, sollten Sie den Abstand zwischen den höchsten Punkten der Hindernisse mit dem Maßband messen. Bei einem Oxer liegt der höchste Punkt in der Mitte zwischen den beiden höchsten Stangen.

Um Ihr Pferd darauf einzustellen, fangen Sie wieder an, im Schritt und im Trab über die Stangen zu reiten. Anschließend bauen Sie ein kleines Kreuz zwischen jedes Ständerpaar. Galoppieren Sie mehrere Male hin- und zurück durch die Kombination. Anschließend erhöhen Sie das Hindernis auf ca. 90 cm bis 105 cm.

Von der Kombination entfernt galoppieren Sie auf der linken Hand an und stellen auf dem Zirkel Gleichgewicht, Rhythmus und Impuls ein.

Anschließend reiten Sie ganze Bahn und gehen beim Anreiten verschiedener Kombinationen so vor, wie es die untenstehende Tabelle anzeigt: Bei einer »In-Out«-Kombination mit zwei Galoppsprüngen gehen Sie genauso vor.

Ganz allgemein ist zu beachten:

- Ist der Abstand zwischen zwei Hindernissen größer als 10,80 m, müssen Sie die Kombination mit einem längeren Galoppsprung anreiten, aggressiver mit Ihren Schenkeln sein und den Kontakt zum Pferdemaul verstärken, um das Pferd zu veranlassen früher abzuspringen.
- Beträgt der Abstand weniger als 10,80 m, müssen Sie beim Anreiten mit einem kürzeren Galoppsprung den Impuls mit Ihren Schenkeln erhalten, und mit annehmender Hand

Zweifache Kombination mit einem normalen Galoppsprung (7,20 m)

	Hindernis	Tempo	Spot	Beine	Hände
 Steil – Steil	Erstes	vorwärts	weit	aktiv	annehmend
	Zweites	vorwärts	weit	aktiv	annehmend
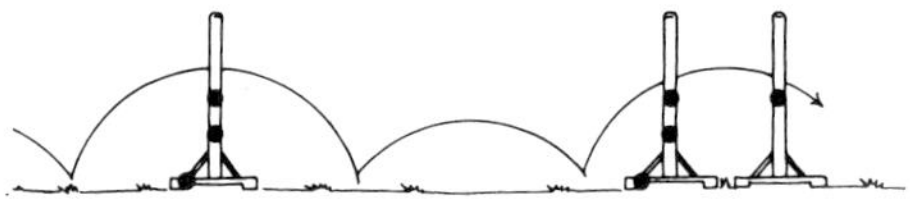 Steil – Oxer	Erstes	vorwärts	weit	aktiv	annehmend
	Zweites	normal	dicht	passiv	nachgebend
 Oxer – Oxer	Erstes	normal	weit	passiv	nachgebend
	Zweites	normal	weit	passiv	nachgebend
 Oxer – Steil	Erstes	normal	dicht	passiv	nachgebend
	Zweites	vorwärts	weit	aktiv	annehmend

Abb. 74

das Tempo gleichmäßig halten, während Sie durch die Kombination reiten. Anschließend reiten Sie die zwei Hindernisse wie in der Tabelle beschrieben.

DIE DREIFACHE KOMBINATION

(Reitpferde- und Springpferdeprüfungen)

Eine dreifache Kombination besteht aus drei aufeinanderfolgenden Hindernissen mit einem oder zwei Galoppsprüngen zwischen jedem Element in jeder Richtung. Der gesamte Aufbau wird ebenfalls als ein Hindernis betrachtet. Nun fügen Sie ein drittes Element zur bestehenden Kombination hinzu. Dabei messen Sie 9,60 m–10,80 m und bauen ein neues Hindernis mit vier bis sechs Stangen (Abb. 75).

Ein gutes Stück von der Dreifachen entfernt galoppieren Sie rechts an, gehen auf den Zirkel und stellen Gleichgewicht, Rhythmus und Impuls ein. Anschließend gehen Sie auf die ganze Bahn, um die Reihe zu springen und beim Anreiten der verschiedenen Hindernistypen sollten Sie, wie in der folgenden Tabelle aufgezeigt, vorgehen:

Schwierigkeiten werden in einer dreifachen Kombination auftreten, wenn eine der Distanzen ein Verlängern oder Verkürzen der Galoppsprünge vorsieht. Behalten Sie immer in Erinnerung, daß das, was für den ersten oder zweiten

Dreifache Kombination mit einem und zwei normalen Galoppsprüngen (7,20–10,80 m)

	Hindernis	Tempo	Spot	Beine	Hände
	Erstes	vorwärts	weit	aktiv	annehmend
	Zweites	vorwärts	weit	aktiv	annehmend
Steil – Steil – Steil	Drittes	vorwärts	weit	aktiv	annehmend
	Erstes	vorwärts	weit	aktiv	annehmend
	Zweites	vorwärts	weit	aktiv	annehmend
Steil – Steil – Oxer	Drittes	vorwärts	dicht	passiv	nachgebend
	Erstes	vorwärts	weit	aktiv	annehmend
	Zweites	vorwärts	dicht	passiv	nachgebend
Steil – Oxer – Oxer	Drittes	vorwärts	dicht	passiv	nachgebend
	Erstes	vorwärts	weit	aktiv	annehmend
	Zweites	normal	dicht	passiv	nachgebend
Steil – Oxer – Steil	Drittes	vorwärts	weit	aktiv	annehmend
	Erstes	normal	dicht	passiv	nachgebend
	Zweites	normal	dicht	passiv	nachgebend
Oxer – Oxer – Oxer	Drittes	normal	dicht	passiv	nachgebend
	Erstes	normal	dicht	passiv	nachgebend
	Zweites	normal	dicht	passiv	nachgebend
Oxer – Oxer – Steil	Drittes	vorwärts	weit	aktiv	annehmend
	Erstes	normal	dicht	passiv	nachgebend
	Zweites	vorwärts	weit	aktiv	annehmend
Oxer – Steil – Steil	Drittes	vorwärts	weit	aktiv	annehmend
	Erstes	normal	dicht	passiv	nachgebend
	Zweites	vorwärts	weit	aktiv	annehmend
Oxer – Steil – Oxer	Drittes	normal	dicht	passiv	nachgebend

Sprung gut ist, nicht notwendigerweise auch für den dritten Sprung gut sein muß.
Außerdem müssen Sie sich immer bewußt sein, daß Ihr Pferd einen unangemessenen Fehler machen könnte.
Bevor Sie versuchen, eine solche Kombination zu springen, sollten Sie sicher sein, die genauen Abmessungen zwischen den Hindernissen zu kennen, und denken Sie an die grundlegende Regel: »Um das Passendmachen in einer Dreifachen zu minimieren, *muß* sich der Reiter auf das zweite Element konzentrieren.«
Mit anderen Worten, ist die Distanz zwischen den beiden ersten Hindernissen zu eng, sollten Sie das erste und das

Abb. 75

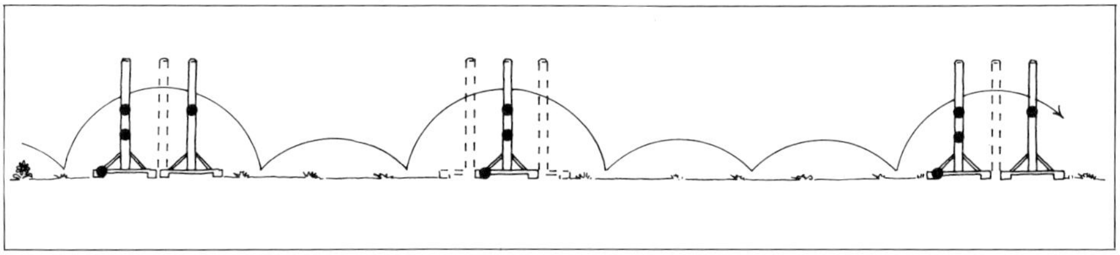

zweite Hindernis ruhig anreiten, dabei vermeiden Sie es, die Galoppsprünge zu viel zu verkürzen, so daß Sie immer noch in der Lage sind, die Entfernung zu überwinden.
Ist die Distanz zwischen den ersten beiden Hindernissen weit, sollten Sie das erste und zweite Hindernis mit etwas mehr Schwung anreiten, dabei aber vermeiden, die Galoppsprünge zuviel zu verlängern, damit Sie noch genügend Platz für die zweite Distanz haben.

DIESE ÜBUNGEN LEHREN IHR PFERD

- seine Springfähigkeit zu perfektionieren;
- flexibler im Verändern seiner Galoppsprünge zu werden;
- aufmerksamer für Ihre Hilfen zu sein;
- jeden Parcours zu springen.

NÜTZLICHE VORSCHLÄGE

Um die Distanzen zwischen den Hindernissen während der Trainingsstunden zu verkürzen, können Sie den Steilsprung erhöhen, den Oxer nach innen in die Breite ziehen oder die Stange am Boden etwas vom Hindernis wegrollen.
Versuchen Sie nicht, Ihrem Pferd beim Absprung zu helfen, indem Sie sich in die Steigbügel stellen, damit stören Sie lediglich sein Gleichgewicht.
Überlassen Sie stattdessen lieber dem Pferd die endgültige Entscheidung, wann es abspringen will.
Sobald das Pferd in der Luft ist, lockern Sie die Zügel, und vergessen Sie nicht, ihm all die Freiheit zu geben, die es braucht, um seine Oberlinie zu strekken.

Sie lehren das Pferd, über dem Hindernis zu wenden

In einem Parcours können Hindernisse an den äußersten Enden gebogener Linien positioniert sein und manchmal sogar in der Mitte von Wendungen. Die Enge dieser Wendungen steht in direkter Relation zur Art des zu springenden Parcours.

VORBEREITUNGEN WÄHREND DER DRESSURARBEIT

Lehren Sie Ihr Pferd, auf das geringste Kommando zu wenden. Das geht folgendermaßen:
A. In Ihrem Reitplatz galoppieren Sie auf der linken Hand durch die Mittellinie und halten dabei das Pferd gerade und im Gleichgewicht.
Drei Galoppsprünge vor dem Ende der Mittellinie blicken Sie nach links (auf der rechten Hand wäre es genau umgekehrt), und *lockern* Sie den rechten Zügel, indem Sie Ihren rechten Arm leicht vorwärts bewegen.

Abb. 76

Dieses Nachgeben wird die Spannung auf dem linken Zügel verstärken und das Pferd zwingen, nach links abzuwenden.
Üben Sie diese Aufgabe mehrere Male, wechseln Sie dabei immer die Hand, d. h. linke Hand – Wendung nach links, rechte Hand – Wendung nach rechts (Abb. 76).
B. Gehen Sie in der gleichen Weise vor, aber wenden Sie allmählich sechs, neun oder mehr Galoppsprünge vor dem Ende der Mittellinie ab.
C. Gehen Sie diesmal umgekehrt vor: auf der linken Hand galoppieren Sie auf der langen Seite an, und drei Galoppsprünge vor dem Ende der langen Seite geben Sie mit dem rechten Zügel nach, um dem Pferd zu ermöglichen, auf die Mittellinie zu kommen.
Üben Sie dieselbe Aufgabe mehrere Male, abwechselnd auf der rechten und auf der linken Hand.
D. 21 m von der kurzen Seite entfernt, legen Sie eine Stange mit jeweils einem Ständer auf jeder Seite auf den Hufschlag. Auf der linken Hand galoppieren Sie die lange Seite entlang, und drei Galoppsprünge vor dem Ende des Reitplatzes drehen Sie ihren Kopf nach links und blicken auf die Stange am Boden. Dann geben Sie mit dem rechten Zügel nach, um die Wendung ausführen zu können.
Vergessen Sie nicht, immer auf die Mitte der Stange zu zielen.

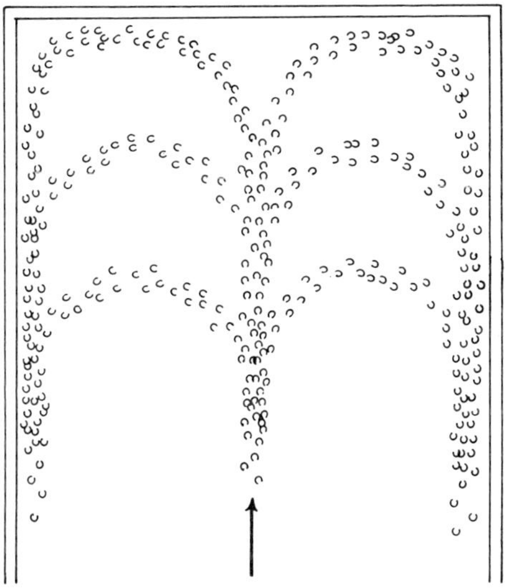

Abb. 77

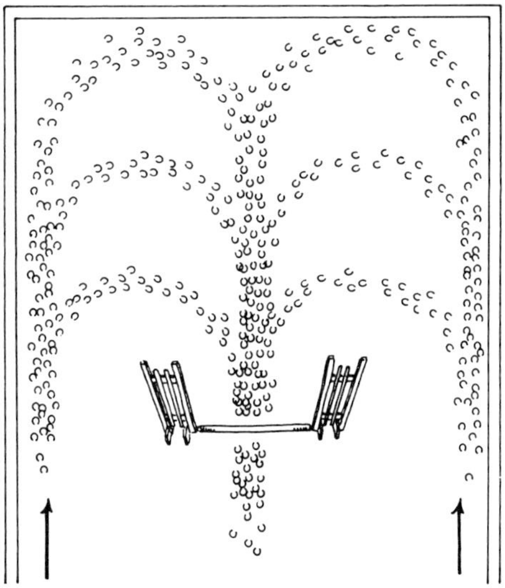

Abb. 78

Gebogene Linien

Eine gebogene Linie ist im allgemeinen eine Kurve zwischen zwei Hindernissen in einem 90°-Winkel. Auf halber Strecke der langen Seite, 6 m innerhalb des Hufschlages, bauen Sie einen niedrigen Steilsprung senkrecht zum Hufschlag.
Anschließend gehen Sie 21 m in Form eines Viertelkreises und bauen einen zweiten Steilsprung parallel zur langen Seite (Abb. 79) in die Richtung der Mitte des Reitplatzes.

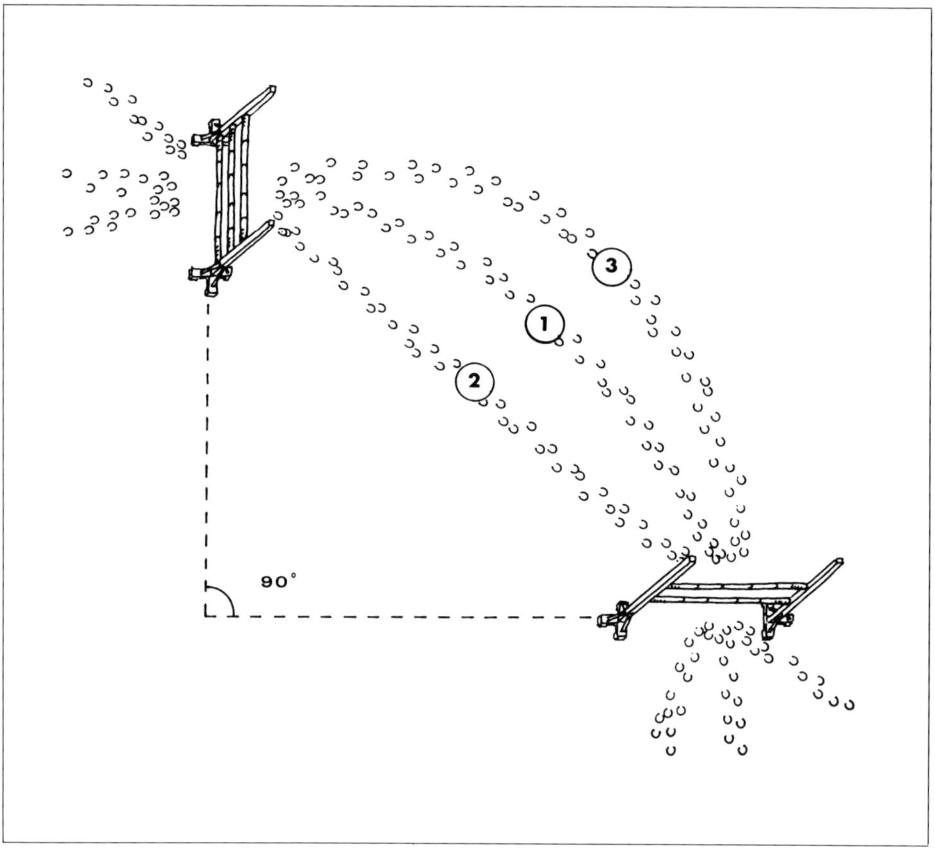

Abb. 79

Galoppieren Sie auf dem Zirkel links an, stellen Sie Gleichgewicht, Rhythmus und Impuls ein und gehen dann ganze Bahn.

Während Sie den Hufschlag entlang galoppieren, sehen Sie nach Ihrer gebogenen Linie und entscheiden sich, welche Route Sie nehmen wollen. Wie Sie wissen, haben Sie drei Möglichkeiten zur Auswahl:

Option 1 - Die normale Route

Treffen Sie jedes Hindernis genau in der Mitte, können Sie mit fünf bequemen Galoppsprüngen eine weiche Wendung reiten.

Option 2 - Die kurze Route

Treffen Sie jedes Hindernis in einem Winkel, können Sie auf einer geraden Linie mit vier Galoppsprüngen von einem Hindernis zum anderen reiten.

Option 3 - die lange Route

Treffen Sie das erste Hindernis beinahe gerade und das zweite in einem leichten Winkel, wird es Ihnen erleichtert, ein bis zwei Galoppsprünge zusätzlich einzubauen. Üben Sie gebogene Linien mit abwechselnden Galoppsprüngen (größer – kleiner) zwischen den Hindernissen sowohl auf der rechten als auch auf der linken Hand.

Die Wendungen

Bauen Sie mit Ihrem freundlichen Helfer einen niedrigen Steilsprung senkrecht zur Mittellinie in die Mitte des Reitplatzes. Galoppieren Sie auf der linken Hand auf dem Zirkel an, stellen Sie Gleichgewicht, Rhythmus und Impuls ein und gehen Sie dann auf die ganze Bahn.

Wendungen vor dem Hindernis

Galoppieren Sie die lange Seite Ihres Reitplatzes entlang und blicken Sie, sobald Sie daran vorbeireiten, auf das Hindernis und entscheiden sich, welche Wendemöglichkeit Sie wählen, denn Sie wissen ja, daß Ihnen eine Wendung drei Möglichkeiten bietet (Abb. 80).

Option 1 - Das normale Anreiten

Treffen Sie das Hindernis gerade, haben Sie die Gelegenheit zu einem durchschnittlichen Absprungpunkt.

Option 2 - Das kurze Anreiten

Treffen Sie das Hindernis aus einem Winkel von links nach rechts, bekommen Sie einen weiten Absprungpunkt.

Option 3 - Das lange Anreiten

Treffen Sie das Hindernis in einem Winkel von rechts nach links, gewinnen Sie mehr Zeit, um nach einem passenden Absprungpunkt zu sehen.

Erinnern Sie sich: Schauen Sie immer zuerst, wo Sie hinreiten wollen, bevor Sie eine Wendung einleiten, und daran anschließend zielen Sie auf die Mitte des Hindernisses.

Wendungen in der Luft

Reiten Sie das Hindernis gerade an, dabei bleiben Sie in einem gut ausbalancierten Galopp. Suchen Sie nach einem normalen Absprungpunkt und gehen Sie dann folgendermaßen vor:

Sie blicken in die Richtung, in die Sie

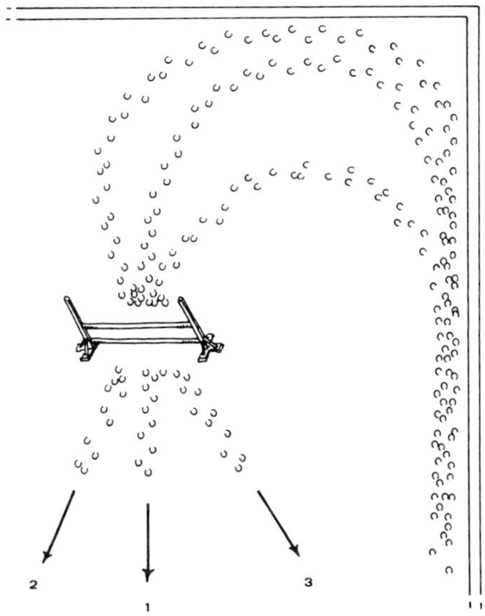

Abb. 80

reiten wollen. Warten Sie, bis Ihr Pferd vom Boden abgesprungen ist, bevor Sie die Hilfen geben:

Sitz: Verlagern Sie Ihr Gewicht auf den inneren Steigbügel, d. h. linker Steigbügel bei einer Linkswendung.

Beine: Der innere Schenkel treibt am Gurt, um den Impuls zu erhalten; der äußere Schenkel hinter dem Gurt ist bereit, anzuspannen, um ein Wegdriften der Hinterhand nach außen zu verhindern.

Hände: Die innere Hand wird als Führzügel benutzt (siehe S. 106, Zügelhilfen I), um die Richtung anzuzeigen, die äußere Hand gibt nach, um die Wendung zu ermöglichen und zu regulieren.

Reiten Sie keine zu enge Wendung, wenn Sie das erste Mal in der Luft wenden.

Mit mehr Übung werden Sie beweglicher und sind dann in der Lage, schärfere Wendungen zu reiten.

Wendungen nach dem Hindernis

Sobald das Pferd nach dem Sprung wieder landet, richten Sie ihren Oberkörper weich auf, um das Pferd wieder ins Gleichgewicht zu bringen und wenden dann die beschriebenen Hilfen an.

Verlangt der Aufbau eines Parcours enge Wendungen, verbinden Sie einfach die Technik des Wendens vor dem Hindernis, in der Luft und nach der Landung miteinander.

DIESE ÜBUNGEN LEHREN IHR PFERD

- sein Gleichgewicht zu entwickeln und zu perfektionieren;
- seinen Gehorsam auf Ihre Hilfen zu entwickeln und zu vervollkommnen;
- Zeit während des Springens eines Parcours zu sparen;
- auf der richtigen Hand zu landen.

NÜTZLICHE VORSCHLÄGE

Zielen Sie immer auf die Mitte eines Hindernisses. Machen Sie einen Fehler, dann wahrscheinlich deshalb, weil Sie nicht aufgepaßt oder einfach zu spät geschaut haben.

Wo Sie hinsehen hat großen Einfluß auf Ihr Pferd; blicken Sie nach links, wird das Pferd wahrscheinlich nach links gehen und umgekehrt. Sehen Sie eine Distanz, die Ihnen geeignet erscheint, reiten Sie ihre Wendung. Ist Ihr Pferd aber etwas zu begeistert, versuchen Sie das kurze Anreiten zu vermeiden - es würde das Pferd nur dazu ermutigen, die Ecke noch mehr abzukürzen.

Sie müssen sich der Tatsache bewußt sein, daß Pferde beim Springen aus einem Winkel oft den weiteren Absprungpunkt wählen und höher als normal springen. Für welche Wendung Sie sich auch entschieden haben, gehen Sie sicher, daß Ihr Pferd immer den ausgewählten Weg folgt:

- Fällt Ihr Pferd in die Wendungen, unterstützen Sie es mit einem aktiveren inneren Schenkel und einem indirekten äußeren Zügel (Siehe S. 106, Zügelhilfen III).
- Schwimmt Ihr Pferd nach außen weg, unterstützen Sie es mit einem etwas aktiveren Bein hinter dem Gurt und einem indirekten äußeren Zügel (siehe S. 106, Zügelhilfen III)

Um unter allen diesen Umständen erfolgreich zu sein, sollten alle diese Maßnahmen von einem stärker treibenden Schenkel begleitet werden, um das notwendige Unterspringen zu verbessern.

Sie lehren Ihr Pferd, einen Parcours zu springen

Durch die vorhergehenden Übungen haben Sie Ihrem Pferd bereits beigebracht, Steilsprünge, Oxer und verschiedene Arten von Kombinationen zu springen.

Es ist nun an der Zeit, seine Kenntnisse zu erweitern und Ihr Pferd mit einfachen Parcours vertraut zu machen. Um Ihrem Pferd zu lernen, einen kompletten Parcours zu springen, gehen Sie folgendermaßen vor:

Springen eines niedrigen Parcours im Trab

Bauen Sie einen einfachen Parcours mit niedrigen Steilsprüngen, Oxern und festen Hindernissen auf dem Hufschlag und auch auf den Diagonalen ihres

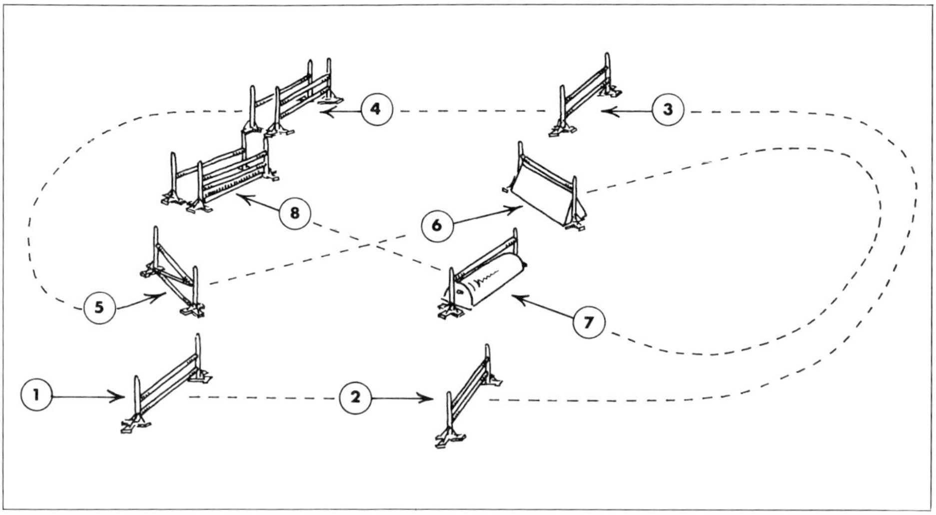

Abb. 81

Reitplatzes (Abb. 81). Traben Sie in ruhigem Tempo über die Hindernisse, dabei reiten Sie eine gerade Linie nach der anderen, egal, welchen Weg Sie auch gewählt haben. Gehen Sie sicher, daß der Trab wieder gefestigt wird, sobald Sie nach jedem Hindernis gelandet sind.
Ist das Pferd aus irgendeinem Grund etwas ungeduldig, parieren Sie nach jedem Sprung zum Halten durch, lassen das Pferd entspannen, geben Sie die Zügel lang, und während Sie das Pferd am Hals klopfen, sagen Sie freundlich: »Laß' dir Zeit, mein Freund.«
Sobald sich die Einstellung Ihres Pferdes verbessert hat, traben Sie über zwei aufeinanderfolgende Hindernisse; dabei traben Sie zwischen den Sprüngen und parieren wieder zum Halten durch. Anschließend traben Sie über drei Hindernisse hintereinander usw. Vergrößern Sie dabei allmählich die Anzahl der Hindernisse, bis Ihr Pferd in der

Abb. 82

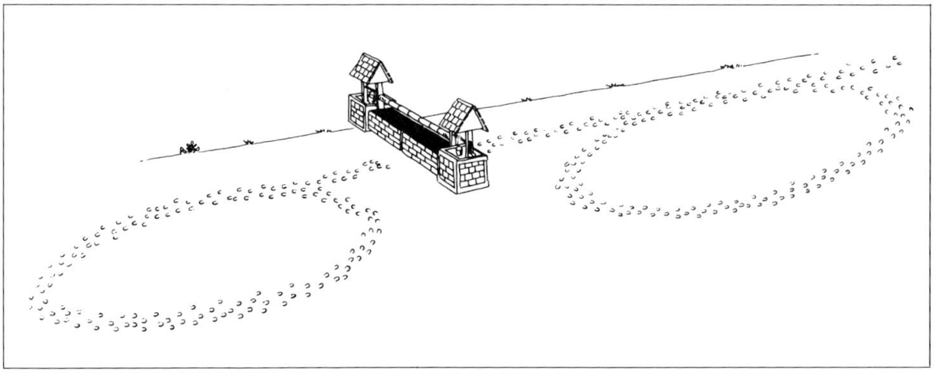

Lage ist, den ganzen Parcours in einem gleichmäßigen Tempo zu springen und sich nach jedem Sprung wieder selbst ins Gleichgewicht zu bringen.

Springen eines niedrigen Parcours aus dem Galopp

Sie gehen wie beim Springen aus dem Trab vor, erweitern die Übung aber, indem Sie vor jedem Hindernis auf dem Zirkel galoppieren. Dann springen Sie über das Hindernis und gehen nochmals auf den Zirkel, um das Gleichgewicht des Pferdes wiederherzustellen (Abb. 82). Dann fangen Sie noch einmal an und reiten allmählich über immer mehr Hindernisse zwischen den Zirkeln.

Ist Ihr Pferd an diese neue Art von Arbeit gewöhnt und in seinem Tempo gefestigt, ist es Zeit, eine Kombination, mehr Wendungen, mehr gebogene und unregelmäßige Distanzen im Training einzubauen.

Allgemeine Gedanken über verschiedene Arten von Parcours

Jagdpferdeprüfungen

Eine Jagdpferdeprüfung (in Amerika Hunter Course) besteht normalerweise aus vier aufeinanderfolgenden Reihen mit sorgfältig plazierten Hindernissen (Weg in Form einer Acht) (Abb. 83).

Um einen solchen Parcours zu bauen, verwendet man ausschließlich natürliche Hindernisse, die aussehen, als wären sie von einem Jagdritt mitgebracht, wie z. B. Pfosten und Gatter, Weidegatter, Bürsten, Eisenbahnschwellen, Steinwälle, usw.

Im Idealfall sollte ein Pferd beim Springen eines solchen Parcours in einem gleichmäßigen Tempo bleiben und jedes Hindernis an dem korrekten Absprungpunkt treffen, um eine perfekte Sprungkurve über dem Hindernis zu erzielen.

Die vorgegebene Anzahl Galoppsprünge muß beachtet werden, aber bei einem Pferd mit einem kurzen Galoppsprung, das diese Anforderung nicht erfüllen kann, sollte man dies durch sehr flüssiges Vorwärtsreiten in gutem Gleichgewicht ausgleichen.

Reitpferdeprüfungen

Ein Reitpferdeprüfungs-Parcours sieht aus wie ein Schmetterling (normalerweise auch als Figur einer Acht bekannt). Trotzdem können die Wendungen enger sein und die Distanzen ungleich verteilt (Abb. 85). Um solch einen Parcours zu bauen, verwenden Sie sowohl Hindernisse aus dem Jagdfeld als auch eine Auswahl von Stangen, Planken und Tafeln in leuchtenden Farben.

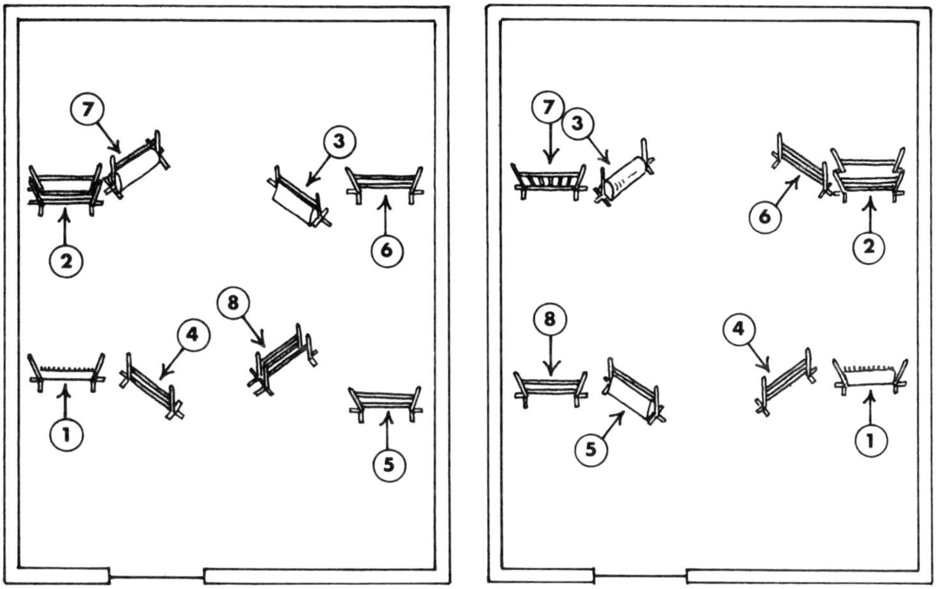

Abb. 83

Zusätzlich zum geforderten Bild von Leichtigkeit und Eleganz muß der Reiter während des ganzen Parcours mit unpassenden Distanzen, gebogenen Linien, mindestens einer »In-Out«-Kombination im Galopp zurechtkommen und dabei immer im Gleichgewicht und im richtigen Tempo für die Höhe der Hindernisse bleiben.

Springpferdeprüfungen

Parcours für Springpferdeprüfungen haben eine unbegrenzte Auswahl an Aufbaumöglichkeiten, die vom jeweiligen Parcoursbauer, abhängig vom Leistungsstand der Teilnehmer, ausgewählt werden. Springpferdeprüfungen haben auch eine Start- und Ziellinie, die der Reiter in den meisten Fällen innerhalb eines bestimmten Zeitraumes überschreiten muß.

Das Barrierespringen ist ein kurzer Parcours, der ständig erhöht und verbreitert wird, um den Gewinner zu ermitteln. Um einen solchen Parcours zu bauen, verwendet man eine noch größere Anzahl verschiedenster Hindernisformen, vorausgesetzt sie sind sicher zu springen. Mit Stangen und Planken können Sie vielerlei Oxer und Steilsprünge, Kombinationen mit zwei, drei oder mehr Elementen bauen und Hindernisse wie Wälle, Wassersprünge und Triplebars.
Ein Wall ist eine Anhäufung von Dreck, normalerweise mit Gras bewachsen. Er sollte ähnlich wie ein Steilsprung geritten werden, lediglich mit einem etwas dichteren Absprungpunkt, um das Pferd zu veranlassen, seine Schulter anzuheben, da auf dem Hindernis nur begrenzt Platz ist, um wieder ins Gleichgewicht zu kommen. Ein Billard hat normalerweise eine senkrechte Absprung-

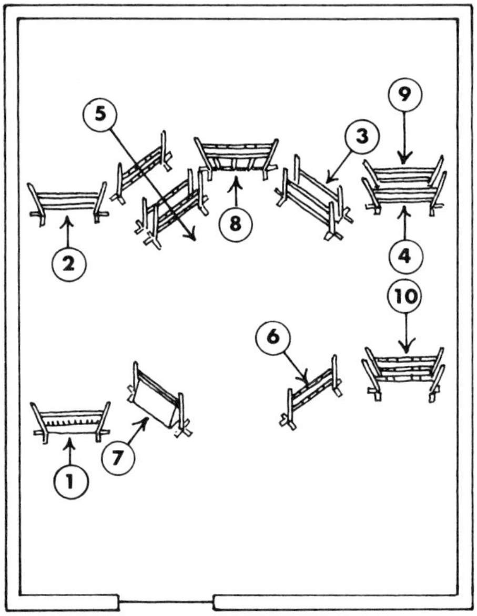

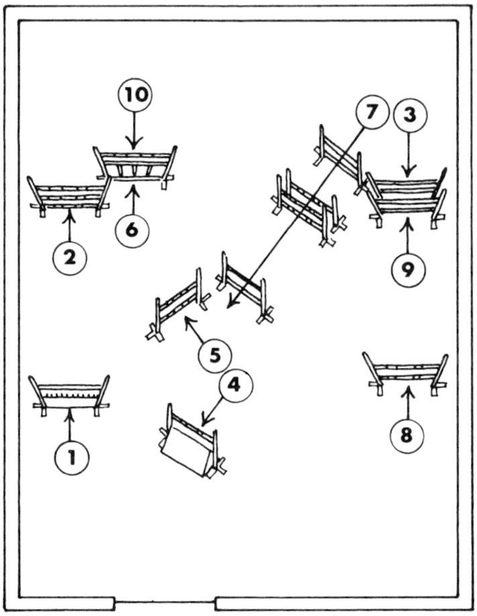

Abb. 84

und Landeseite und in der Regel drei Galoppsprünge auf dem Wall. Ein Derby-Wall hat einen Abhang an der Absprungseite und eine Stufe als Absprung (Abb. 86). Eine Triplebar besteht aus drei oder mehr Stangen, aufgebaut als schräge Rampe, die wie ein Oxer gesprungen wird.

Ein Wassergraben ist ein seichter Graben, der mit Wasser gefüllt ist. Er ist mindestens 15 bis 30 cm tief und hat einen Durchmesser von 4,20 x 4,80 m, mit einer kleinen Bürste, die vor der Absprungstelle, aber kein Bestandteil des Hindernisses ist. Der Wassergraben wird wie ein Oxer angeritten, nur auf den letzten drei Galoppsprüngen wird das Tempo beschleunigt. Lassen Sie die Zügel beim Anreiten etwas länger, damit das Pferd genau hinsehen und entscheiden kann, wo sich die geeignetste Stelle zum Absprung befindet. Überfallen Sie Ihr Pferd aber dabei nicht.

Unter Berücksichtigung des Mutes Ihres Pferdes lassen Sie es zuerst all diese Hindernisse einzeln springen, dabei fangen Sie mit niedrigen und schmalen Sprüngen an, bevor Sie größere Hindernisse in schnellerem Tempo springen (Abb. 85).

DIESE ÜBUNGEN LEHREN IHR PFERD

- viele Tempowechsel zwischen den Hindernissen auszuführen;
- seine Aufmerksamkeitsspanne zu verlängern und sein Vertrauen zu vergrößern;
- den Gehorsam auf Ihre Hilfen zu perfektionieren;
- auf Turniere vorbereitet zu sein.

NÜTZLICHE VORSCHLÄGE

Erforschen Sie das geeignete Tempo

Bei einem kleinen Parcours sollte Ihr Pferd ca. 350 m/Min. galoppieren. In

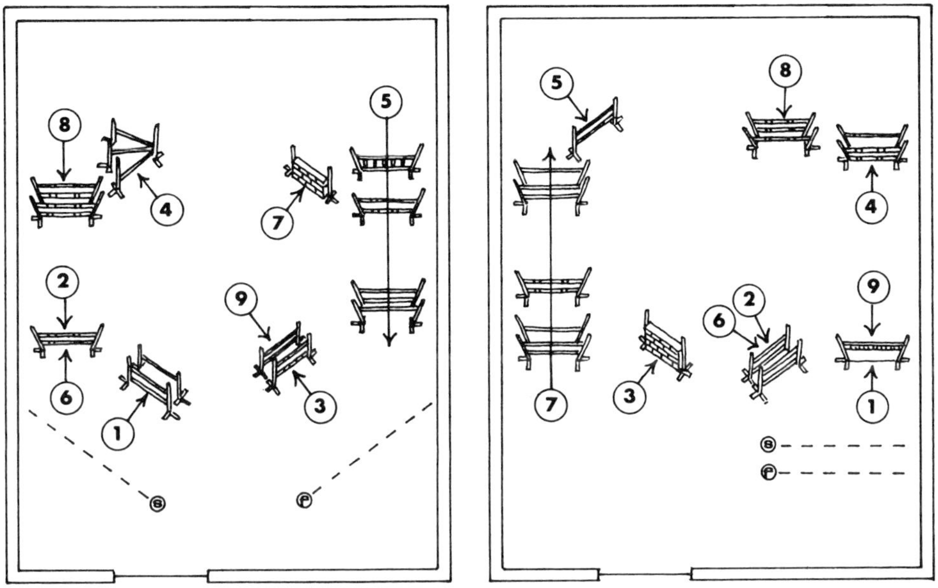

Abb. 85

Abb. 86

einem großen Platz erhöht sich das Tempo auf 400–450 Meter pro Minute.

Um ein Gefühl für die Geschwindigkeit bei 350 m/Min. zu bekommen, gehen Sie folgendermaßen vor:

- Sie messen den Umfang Ihres Reitplatzes. Vergessen Sie nicht: 1 Schritt = ca. 1 Meter.
- Markieren Sie die Stelle, wo Sie anfangen zu messen, z.B. mit einem Plastikhütchen. Dann gehen Sie

175 Meter und markieren die halbe Strecke anschließend mit einem dritten Hütchen. Dann schreiten Sie noch einmal 175 Meter ab und markieren mit einem Hindernisständer die 350 m-Marke.

- Von der Startlinie entfernt galoppieren Sie in einem normalen Tempo an. Anschließend gehen Sie auf die ganze Bahn.
- Drücken Sie auf ihre Stoppuhr, wenn Sie den ersten Markierungspunkt passieren.
- Überprüfen Sie an der Halbzeitmarkierung die Zeit; haben Sie noch keine 30 Sec. erreicht, reduzieren Sie das Tempo, haben Sie die 30 Sec. bereits überschritten, beschleunigen Sie den Galopp. Sind Sie genau in der Zeit, behalten Sie das Tempo bei.
- Am dritten Markierungspunkt überprüfen Sie erneut Ihre Uhr, um zu sehen, ob Sie zu langsam oder zu schnell oder genau in der Zeit waren.

Nachdem Sie das einige Male versucht haben, werden Sie leicht in der Lage sein, die Geschwindigkeit von 350 m/min. zu fühlen und beizubehalten.

Messen Sie die Galoppsprünge Ihres Pferdes

Die Distanzen zwischen den Hindernissen errechnen sich aus einem durchschnittlichen Galoppsprung von 3,60 m. Daher empfindet ein Pferd mit einem größeren oder kleineren Galoppsprung diese normale Abmessung als ziemlich schwierig.

Bevor Sie also einen Parcours reiten, sollten Sie die Größe des Galoppsprunges Ihres Pferdes kennen, um die jeweils richtigen Veränderungen durchzuführen.

Das geht folgendermaßen:

- Sie rechen ein Viereck von 18 m auf dem Hufschlag Ihres Reitplatzes.
- Stellen Sie das 350 m/Min. Tempo ein und galoppieren Sie über das gerechte Viereck. Anschließend messen Sie zwei oder drei Galoppsprünge, um die durchschnittliche Länge eines Galoppsprunges Ihres Pferdes herauszufinden.
- Gehen Sie im 400 und 450 m/Min. Tempo auf die gleiche Weise vor.

Das Abgehen eines Springparcours

Es ist wichtig, den Parcours abzugehen, um eine genaue Vorstellung zu bekommen, wie die Hindernisse aussehen, ob sie Stangen als Grundlinien haben, ob die Stangen richtig in den Auflagen liegen usw. und vor allem, um die Distanzen zwischen den Hindernissen abzumessen.

Zu Hause sollten Sie dafür ein Maßband benützen und sich die nötige Zeit nehmen, um zu lernen, wie man 7,20 m, 10,80 m, 14,60 m oder längere Distanzen abgeht. Das Allerwichtigste sind die genauen Distanzen zwischen zwei Hindernissen, um diese in Verbindung zum Galoppsprung Ihres Pferdes zu bringen. Gehen Sie zum Beispiel acht Schritte in einer »In-Out«-Kombination mit einem Galoppsprung, wissen Sie, daß die Distanz normal ist. Gehen Sie aber 7,5 oder 8,5 Schritte, zeigt es Ihnen einen kurzen oder langen Galoppsprung an. Um beim Abgehen des Parcours genau zu sein, sollten Sie die Distanz zwischen zwei Hindernissen von der Basis der Landungsseite bis zur Basis der Absprungseite messen. (Gehen Sie von der Mitte eines Oxers als einem Teil der Messung aus, denn sonst wären Ihre Berechnungen falsch und Sie landen inmitten des Oxers!)

In engen Wendungen, also z. B. gebogenen Linien, müssen Sie sich einen imaginären Weg vorstellen und diesen abschreiten.

Verbessern der Dressurarbeit des Pferdes

Um gleichmäßig bei der Ausbildung Ihres Pferdes fortzuschreiten, ist es sehr wichtig, die Dressurarbeit mit Springarbeit abzuwechseln. Das Anlegen eines monatlichen Trainingsplanes ist äußerst wichtig und erleichtert mit Sicherheit das Studium Ihres täglichen Fortschritts.
Behalten Sie außerdem im Hinterkopf, daß die Konzentrationsspanne eines Pferdes ziemlich begrenzt ist.
Um deshalb bessere Trainingsergebnisse zu erzielen und die Arbeitsbereitschaft des Pferdes zu erhalten, sollten die täglichen Trainingseinheiten in drei oder vier Abschnitte von ca. 10 Min. unterteilt werden, als Gegensatz zu den langen, ermüdenden Einheiten, die nur ein bis zweimal die Woche eingeplant sind.

Dressurarbeit an der Longe

Die Longierleine wird oft benützt, um die Extra-Energie, die ein Pferd zuviel hat, rauszulassen.
Aber Longierarbeit, die unvorsichtig oder zu lang ausgeführt wird, vergrößert lediglich die Verrücktheit und die Schwierigkeiten Ihres Pferdes. Ruhe, Gleichgewicht, Geradehalten und Unterspringen sollten die grundlegendsten Ziele sein. Das Pferd muß lernen, auf Ihre Kommandos zu warten, sobald es an einer Longe ist. Sie können das Pferd mit einem stramm verschnallten Kappzaum, bei Bedarf eingesetzt, sehr leicht Gehorsam lehren und schnell vorangehen. Beim Traben an der Longe muß Ihr Hauptinteresse dem Untertreten der Hinterbeine gelten; die Hinterbeine des Pferdes müssen in die Abdrücke der Vorderbeine treten oder vor diesen abdrücken, aber niemals dahinter (Abb. 87)

Abb. 87

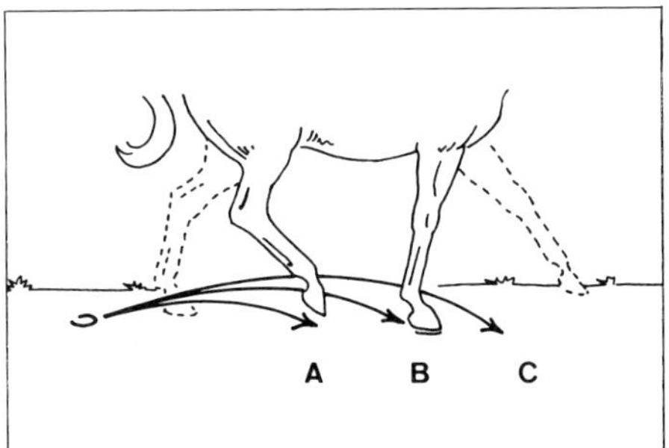

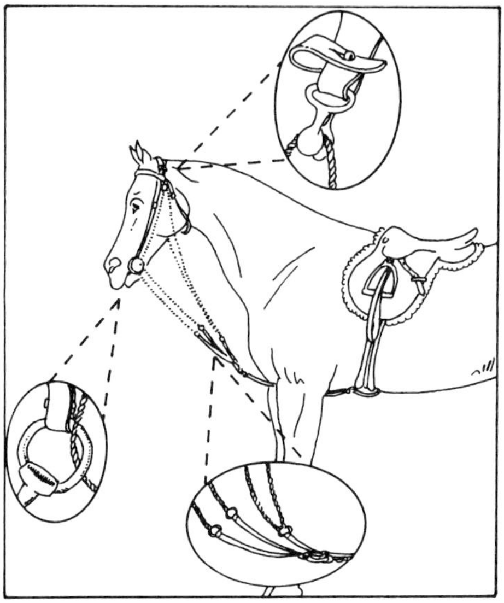

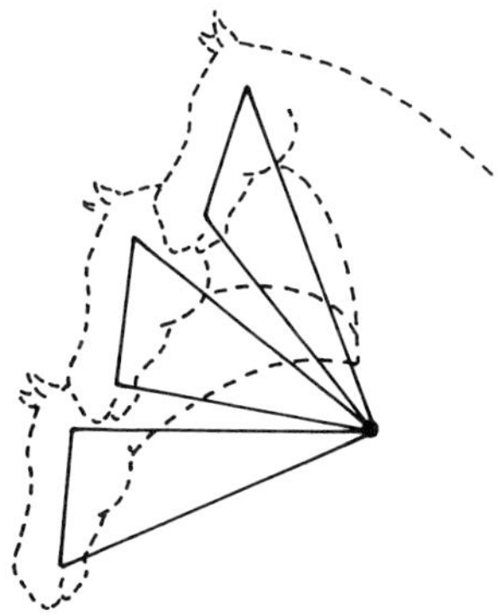

Abb. 88

Um dieses Untertreten zu erreichen, unterstützen Sie die Gangart des Pferdes mit einer Longierpeitsche, mit der Sie an die Hinterbeine tippen. Nach einigen Trainingseinheiten wird das Pferd in der Lage sein, die Hinterbeine zu strecken und im ruhigen Tempo Gleichgewicht und Rhythmus beizubehalten. Für Pferde mit einer schwachen Oberlinie erfand Monsieur de Gogue zwischen den beiden Weltkriegen einen wunderbaren Ausrüstungsgegenstand.
Bekannt als »Chambon« ist es ein variables System von Schnüren in Form eines Triangels, die vom Genick durch das Gebiß zur Brust gehen. Diese feine Zäumung macht sofort den Rücken des Pferdes rund und bewirkt eine allgemeine Entspannung des Körpers ohne irgendeinen Schaden anzurichten.
Das Prinzip ist einfach: Der Druck, der auf das Genick des Pferdes ausgeübt wird, bewirkt das Senken des Kopfes, streckt damit die Oberlinie und verstärkt das Untertreten der Hinterbeine (Abb. 88).
Wenn Sie Ihr Pferd zum ersten Mal mit einem Chambon longieren, sollten Sie es nur für ganz kurze Zeit verwenden. Allmählich können Sie anschließend die Trainingseinheiten verlängern, um die Muskelbildung ohne Zug zu verbessern. Dieses sogenannte künstliche Hilfsmittel kann auch bei der Dressurarbeit und beim Springen verwendet werden.

Gänge und Übergänge

Um die Gangarten und Übergänge weich und geschmeidig zu reiten, müssen diese regelmäßig wiederholt werden, bis sie für das Pferd angenehm auszuführen sind.

Die Gleichmäßigkeit oder der Rhythmus werden sich einstellen, wenn Sie die Gangarten während einer vorbestimmten Zeitspanne durchhalten.
Ein Beispiel: Galoppieren Sie fünf Minuten ohne Unterbrechung und zählen dabei jedesmal die Galoppsprünge. Wenn das führende Vorderbein den Boden berührt, wird sich das Pferd schnell eingewöhnen und entspannen. Sie müssen am Anfang *sehr geduldig* sein und die Schwierigkeiten, auf die Sie manchmal dabei stoßen, einfach ertragen. Haben Sie Probleme mit der Geschwindigkeit, müssen Sie sich zuerst entspannen, indem Sie positiv denken und einige Male langsam tief durchatmen. Anschließend reiten Sie mehrere Zirkel, die Sie verkleinern, bis Sie zufriedengestellt sind.
Auf jeden Fall sollten Sie aber in der gleichen Gangart bleiben, und bei Schritt und Trab verhalten Sie sich genauso.
Die Übergänge müssen gut vorbereitet, schnell und trotzdem geschmeidig sein. Das wiederholte Verlangen der Übergänge an derselben Stelle erleichtert den Lernprozeß, indem es sich des außerordentlichen Erinnerungsvermögens des Pferdes bedient, bis dieses zuviel vorwegnimmt. Ihr Pferd muß lernen, auf Ihr leisestes Kommando zum Halten durchzuparieren.
Am Anfang parieren Sie aus einem langsamen Schritt zum Halten durch, dabei lehnen Sie Ihren Oberkörper leicht zurück und setzen sich tiefer in den Sattel. Mit Ihren Unterschenkeln drücken Sie gleichmäßig, um die Hinterhand aktiv zu halten. Sie parieren zum Halten durch, indem Sie einfach mit Ihren Händen dagegenhalten.
Bringt die Übung und die Wiederholung Verbesserungen, verringern Sie den Druck Ihrer Schenkel und die Einwirkung der Hand und ersetzen diese durch ein bloßes Verschieben Ihres Oberkörpers. Neigt Ihr Pferd dazu, schief durchzuparieren, wenden Sie eine vorbeugende, aber unauffällige Schenkelhilfe hinter dem Gurt an der Seite, nach der das Pferd wegdriften könnte, an. Dieses Vorgehen ist im Trab und im Galopp genau gleich.

Verlängern und verkürzen der Galoppsprünge

In der Dressurarbeit ist es unbedingt erforderlich, das Verlängern und Verkürzen der Galoppsprünge zu erlernen. Dies verbessert nicht nur die Beweglichkeit der Wirbelsäule sondern auch das Unterspringen der Hinterbeine. Das wiederholte Zusammenziehen und Strecken des Pferdekörpers im Schritt, Trab und Galopp erzwingt außerdem absoluten Gehorsam für Ihre Hilfen und macht das Pferd elastisch.

Laterale Bewegungen

Die lateralen Bewegungen, die am besten mit Sporen geübt werden, verbessern die Beweglichkeit der Gelenke und machen das Muskelsystem der Vorder- und Hinterhand geschmeidig. Außerdem verbessern diese Übungen das Unterspringen und das Tragen des Kopfes. Das laterale Biegen schaltet die Muskelkontraktion im Genick und im Kiefer aus.

Das direkte Biegen (führt zu einer angemessenen Kopfhaltung bei jeglicher Art von Arbeit), bringt gutes Gleichgewicht und gutes Unterspringen.

Behalten Sie aber im Hinterkopf, daß die richtige Kopfhaltung kein Garant dafür ist, daß das Pferd am Gebiß steht. Um am Gebiß zu sein, muß das Pferd den Kopf richtig tragen und aufmerksam für die Hilfen des Reiters sein.

Der Außengalopp und die fliegenden Wechsel sind sehr wichtig, um ein gewisses Gleichmaß im Rhythmus zu stabilisieren und um das erforderliche Gleichgewicht in den Wendungen herzustellen, das nötig ist, um den Parcours harmonisch zu absolvieren.

Bei den fliegenden Wechseln muß das Pferd seine vier Beine wechseln. Der angenehmste Augenblick, um dies zu tun, ist für das Pferd die vierte Phase des Galopps, wenn alle vier Beine in der Luft sind. Der Wechsel muß immer klar nach vorwärts geritten werden, ohne Ausweichen von der Linie.

Um einen korrekten fliegenden Wechsel auszuführen, müssen Sie mit Ihren Hilfen kurz vor der Schwebephase, also in der dritten Phase, einwirken, denn dann befindet sich nur noch ein Pferdebein auf dem Boden.

DIESE ÜBUNGEN LEHREN IHR PFERD

- gehorsam auf Ihre Hilfe zu reagieren;
- Gleichgewicht, Unterspringen und Rhythmus;
- den Kopf, bei völliger Genickfreiheit, richtig zu tragen, dabei sollte sich die Maulspalte immer höher befinden als die Hände des Reiters.

NÜTZLICHE VORSCHLÄGE

Überprüfen Sie die Durchlässigkeit Ihres Pferdes manchmal während der Dressurarbeit oder während des Springens, indem Sie die Galoppsprünge verlängern oder verkürzen und ob Tempo und Impuls immer noch vorhanden sind.

Passiert aus irgendeinem Grunde nichts, wenn Sie die Hilfen geben, war entweder Ihre Einwirkung zu schwach, Ihr Timing schlecht oder Ihr Pferd hat nicht aufgepaßt.

Die halbe Parade

Das Hauptziel der halben Parade ist es, ein Pferd, das übermäßig viel Gewicht auf der Vorhand hat, wieder ins Gleichgewicht zu bringen.

Die halbe Parade ist eine schnelle, aber unauffällige Parade, die mit einer oder beiden Händen folgendermaßen ausgeführt wird (Abb. 89):

1. Sie drehen das Handgelenk, bis die Fingernägel nach oben zeigen.
2. Heben Sie schnell und kräftig Ihre Hand hoch (nur eine Handbreit).

Abb. 89

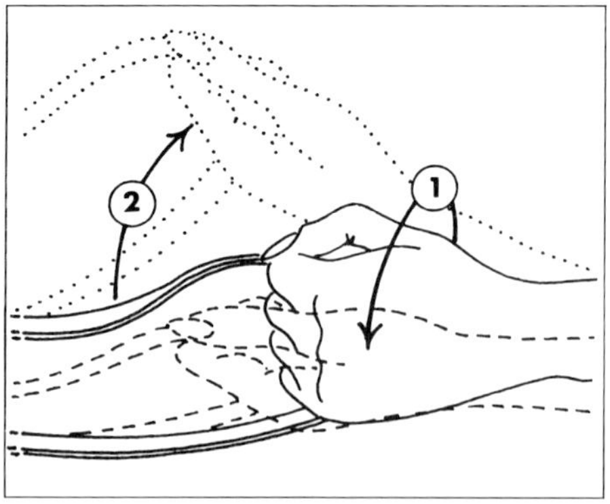

Diese Schritte müssen von treibenden Hilfen und einem Verändern des Zügelmaßes begleitet sein, um ungeschickte, ruckartige Bewegungen im Pferdemaul zu vermeiden.

Um bessere Ergebnisse zu erzielen, sollten die halben Paraden verlangt werden, wenn das Pferd kurz davor ist, mit den Hinterbeinen unterzuspringen, also zwischen der dritten und vierten Phase im Galopp.

Außerdem beabsichtigt man mit einer halben Parade:

- das Tempo zu reduzieren;
- die Galoppsprünge zu verkürzen;
- zu verhindern, daß das unvorsichtige Pferd mit der Vorhand eine Stange heruntertritt.

Ist Ihr Pferd von einem dichten Absprungpunkt nach einem langen Galoppsprung abgesprungen, gibt der Reiter eine taktvolle halbe Parade »in der Luft«, um die Schulter des Pferdes höher zu bringen und damit Hindernisfehler zu vermeiden.

Diese Maßnahme erfordert feine Ausführung und sofortiges Nachgeben mit der Hand, um dem Pferd zu ermöglichen, über dem Hindernis zu baskulieren.

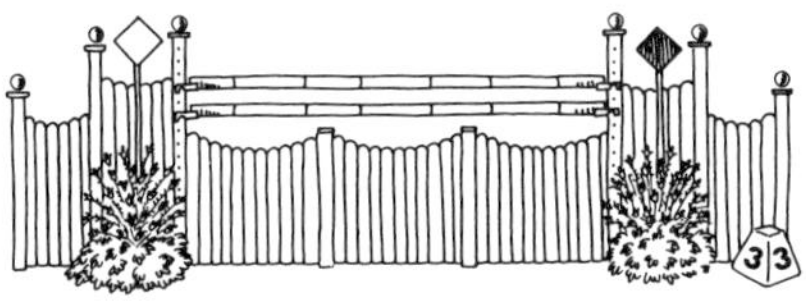

Abschließende Bemerkungen

Meine Absicht beim Schreiben dieser Seiten war es, zu erklären, wie man ein Pferd zum bestmöglichen Absprungpunkt bringt, um ihm damit die Möglichkeit zu geben, mit einem Minimum an Aufwand zu springen. Ein gut ausgebildeter Reiter bemüht sich weder um einen weiten noch um einen dichten Absprungpunkt, sondern um den für sein eigenes und das Tempo des Pferdes und die Art des Hindernisses am besten geeigneten. Während Sie ein Hindernis anreiten, müssen Sie sich vergewissern, daß Ihre eigene Körperhaltung korrekt ist und sich der Großteil Ihres Gewichtes in den Fersen befindet. Außerdem müssen Sie sich vergewissern, daß Ihr Pferd im Gleichgewicht und am Zügel ist, dabei sollte seine Maulspalte immer niedriger als Ihre Hände sein.

Um ein Hindernis mit Leichtigkeit zu springen, müssen Sie in der Lage sein:

- von der größtmöglichen Entfernung den Abstand Ihres Pferdes und den besten Absprungpunkt abzuschätzen.
- zu entscheiden, ob Sie den Galoppsprung Ihres Pferdes verändern müssen oder nicht, um den Absprungbereich zu erreichen.
- zu wissen, welche Korrektur richtig ist und wie Sie diese ausführen.

Wenn Sie mit dem Absprungpunkt, den Sie sehen, nicht zufrieden sind, weil Sie das Gefühl haben, er ist zu weit oder Sie haben andere Zweifel – *warten* Sie einen weiteren Galoppsprung und schauen Sie ein zweites Mal.

Sie werden mit Sicherheit einen besseren Absprungpunkt sehen. Ist es Zeit, eine Entscheidung zu treffen, und Sie haben dieses Buch nicht gelesen oder sind sich nicht sicher, ob Sie die Galoppsprünge verlängern oder verkürzen sollen, tun Sie *keines* von beiden. Lassen Sie ihr Pferd seinen eigenen Absprungpunkt finden, aber konzentrieren Sie sich auf die wichtigsten Elemente: **GLEICHGEWICHT, RHYTHMUS, UND IMPULS.**

Anhang

Die fünf Einwirkungen des Zügels, wie im »Handbuch der Grundlagen des Reitens« vom selben Autor beschrieben

Die Anweisungen für die fünf Zügelhilfen sind für den rechten Zügel geschrieben, für den linken Zügel wären sie genau umgekehrt.
Eine Hand, die auf das Gleichgewicht oder den Impuls des Pferdes einwirkt, bezeichnet man als aktive Hand. Eine passive Hand bewahrt die Verbindung zum Pferdemaul, wirkt aber nicht gegen den Impuls des Pferdes oder gegen die aktive Hand.
Ein Schenkel, der den Impuls erzeugt, das Unterspringen oder die Position der Hinterhand kontrolliert, wird als aktives Bein bezeichnet. Ein passives Bein erhält den Impuls durch schwächeren Schenkeldruck als das aktive Bein und ohne diesem entgegen zu wirken.

I

DIREKTER ZÜGEL

(Führzügel oder öffnender Zügel)

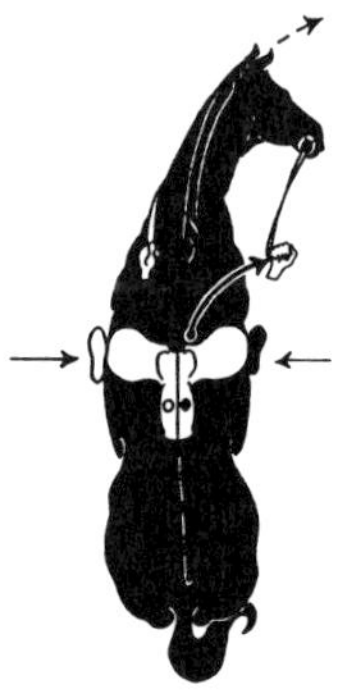

Rechte Hand: Aktiv, dreht die Handfläche, die Fingernägel zeigen dabei nach oben.
Die Handbewegung geht nach vorne rechts, dabei bleibt der Ellenbogen an der Hüfte.
Linke Hand: Passiv, geht nach vorne unten, um nachzugeben und um die Aktion der rechten Hand zu ermöglichen und zu regulieren.
Rechtes Bein: Aktiv am Gurt, etwas weiter vorne als beim normalen Biegen.
Linkes Bein: Aktiv treibend am Gurt, um den Impuls zu erhalten.
Sitz: Mehr Gewicht auf dem rechten Gesäßknochen.

II

DER ANNEHMENDE ZÜGEL

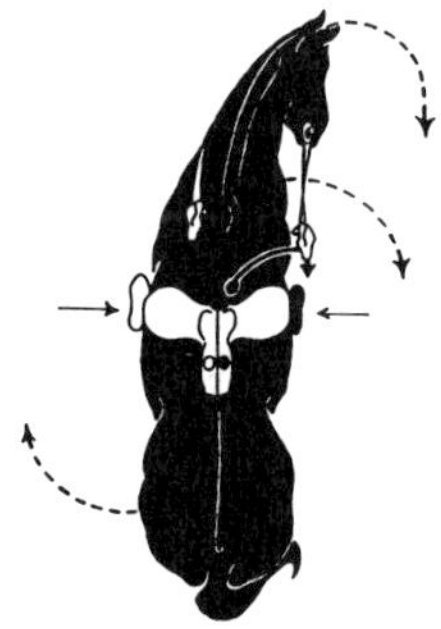

Aktiv, bewegt sich einige Zentimeter nach rechts und bringt somit eine parallele Spannung auf die Hinterhand.
Passiv, gibt nach vorne unten nach, um die Aktionen der rechten Hand zu ermöglichen und zu regulieren.
Aktiv am Gurt, etwas stärker treibend als das linke Bein.
Aktiv treibend am Gurt, um den Impuls zu erhalten.
Mehr Gewicht auf dem rechten Gesäßknochen.

III

DER VERWAHRENDE ZÜGEL NACH WESTERNART

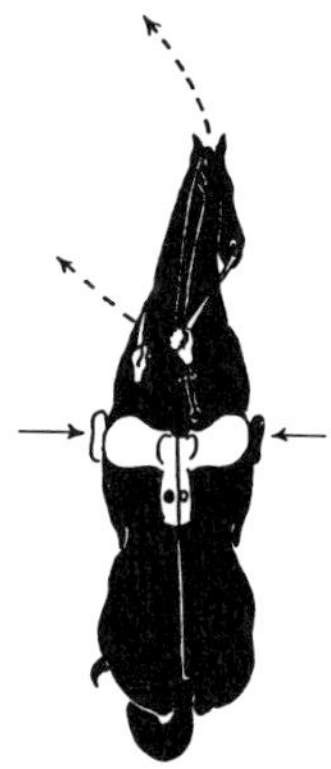

Aktiv, dreht die Handfläche, dabei zeigen die Fingernägel nach oben, um mehr Kraft zu bekommen; bewegt sich vorwärts und leicht nach links auf dem Hals.
Passiv, gibt nach vorne unten nach, um die Aktionen der rechten Hand zu ermöglichen und zu regulieren.
Aktiv treibend am Gurt, etwas stärker treibend als das linke Bein, um ein Wegdriften der Hinterhand nach rechts zu verhindern.
Aktiv treibend am Gurt, um den Impuls zu erhalten.
Mehr Gewicht auf dem linken Gesäßknochen.

IV

DER VOR DEM WIDERRIST VERWAHRENDE ZÜGEL

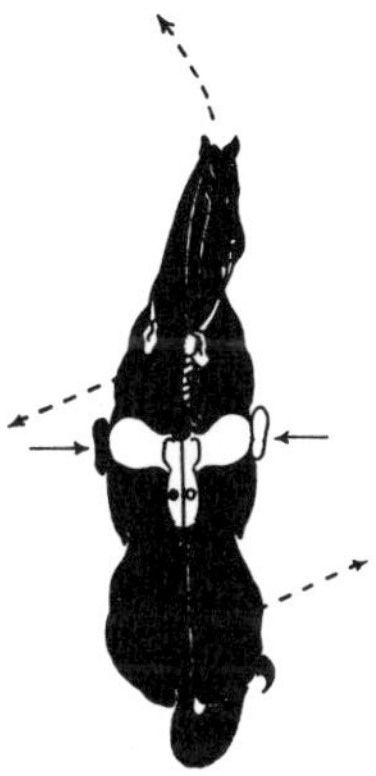

Aktiv, dreht die Handfläche, die Fingernägel zeigen nach oben; wirkt leicht nach links vor dem Widerrist.

Passiv, gibt nach vorne unten nach, um die Aktionen der rechten Hand zu ermöglichen und zu regulieren.

Aktiv treibend am Gurt, um den Impuls zu erhalten.

Aktiv, etwas hinter dem Gurt, stärker treibend als das rechte Bein, um die Hinterhand bei Bedarf nach rechts zu schieben.

Mehr Gewicht auf dem rechten Gesäßknochen.

V

DER HINTER DEM WIDERRIST VERWAHRENDE ZÜGEL

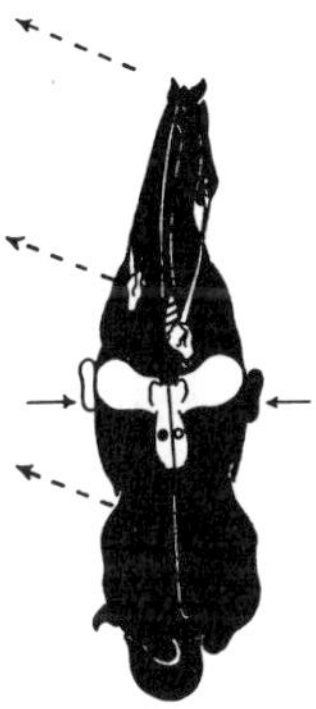

Aktiv, dreht die Handfläche, die Fingernägel zeigen nach oben; wirkt leicht nach links hinter dem Widerrist.

Passiv, gibt nach vorne unten nach, um die Aktion der rechten Hand zu ermöglichen und zu regulieren.

Aktiv, treibend hinter dem Gurt, um die Hinterhand nach links zu schieben.

Aktiv, treibend am Gurt, um den Impuls zu erhalten.

Mehr Gewicht auf dem linken Gesäßknochen.